Das große Aura Soma Buch

Gesundheit aus der Natur

Anja Senser-Lang

Das große Aura Soma Buch

zur sanften Heilung von Körper und Seele

Illustrationen Roger Kausch

LUDWIG

INHALT

ANHANG

Vorwort

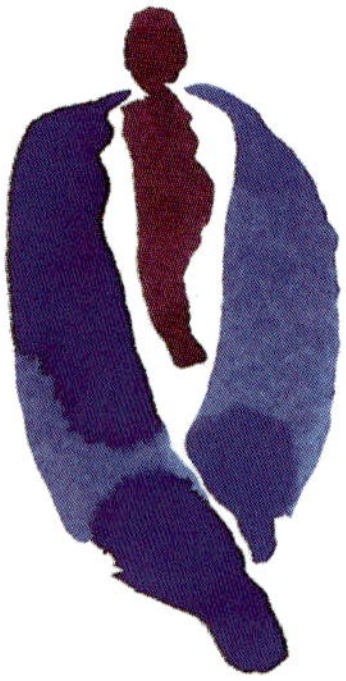

Aura Soma und Intuition

»Folge deiner Intuition«, sagte Vicky Wall, die Begründerin von Aura Soma, und weiter: »Du bist die Farbe, die du wählst.« Das bedeutet, nicht der Therapeut, sondern jeder Interessierte wählt sein Öl, seine Farbe selbst aus.

Schon wieder eine neue Therapie! Vielleicht ist Ihnen ein solcher oder ein ähnlicher Gedanke durch den Kopf geschossen, als Sie das erste Mal auf Aura Soma aufmerksam wurden. Und trotzdem waren Sie fasziniert – von den leuchtenden Farben und dem betörenden Duft, der diesen geheimnisvollen Flaschen entströmte. Was ist das Geheimnis von Aura Soma, werden Sie sich gefragt haben. Und was zieht mich so an? Ist es das Schöne und Farbige der kostbaren Flaschen, ist es das wohlriechende Aromaöl, oder ist da noch mehr?

Altes neu zusammengefügt

Bei Aura Soma finden Sie das uralte Wissen um die heilende Wirkung von Aromaölen, die Schwingung von Licht und Farben und die Kraft von Edelsteinen wieder und können sich dies alles zunutze machen.

Aura Soma bündelt die heilenden Energien längst bekannter Therapien zu einer einzigen kraftvollen Therapieform. Die Verbindung von Pflanzenfarben und -essenzen, von Aromaölen und Edelsteinschwingungen macht Aura Soma zu einer besonderen Therapie, die Sie bei körperlichen, seelischen und auch geistigen Problemen anwenden können.

So können Sie vorgehen

Das vorliegende Buch zeigt Ihnen, wie Sie mühelos mit den Farbölen arbeiten können. Im zweiten Teil des Buches finden Sie die Aura-Soma-Öle numerisch geordnet.

Zu jedem Aura-Soma-Öl gibt es eine Beschreibung der jeweiligen Charakteristika, Anwendungshinweise, Gedanken zum Thema des Öls, Hinweise auf andere Therapien und kreativ-meditative Vorschläge. Die Affirmationen und Meditationstexte zu den einzelnen Ölen laden Sie ein, sich auf Aura Soma einzulassen und in die Welt der Düfte, der Farben und der Steine einzutauchen.

Wie finden Sie Ihre Öle

Die eigenverantwortliche Auswahl ist vielleicht das wichtigste Prinzip der Aura-Soma-Therapie. Anfängern empfehle ich ein persönliches Reading bei einer Aura-Soma-Beraterin als Einstieg. Später können Sie die weiteren Öle auf verschiedene Art aussuchen: sei es, dass Sie Ihre Flasche intuitiv erspüren, auspendeln oder kinesiologisch testen.

Die Praxis ist zu Hause

Die Behandlung selbst, das Anwenden der Aura-Soma-Öle, führen Sie selbst zu Hause durch. Ich empfehle Ihnen, die Öle zweimal täglich anzuwenden. Schaffen Sie sich eine angenehme Atmosphäre, in der sie bei Ihren therapeutisch-meditativen Anwendungen nicht gestört werden können.

Vicky Wall
Obwohl sich zu der Zeit, als Vicky Wall »ihre« Öle entdeckte, ihr Augenlicht schon sehr verschlechtert hatte, blieb ihr erstaunlicherweise die Wahrnehmungsfähigkeit für Farben erhalten.

Sie sind die Farbe, die Sie wählen

Aura Soma hilft Ihnen, Ihre inneren Farben zum Strahlen zu bringen. Die Öle unterstützen Sie dabei, Wiederstände und Blockaden zu erkennen, die Ihrer inneren Schönheit und dem kraftvollen Leben Ihres Potenzials im Wege stehen. Je intensiver Sie an der Auflösung dieser Muster arbeiten, desto stärker kann sich Ihr innerer strahlender Wesenskern – Vicky Wall nannte ihn die innere Aura – nach außen hin ausdrücken.
Wenn Sie Ihr Potenzial leben, in Ihrer Kraft sind, fühlen Sie sich auf allen Ebenen Ihres Seins (körperlich, emotional, mental, spirituell) gesund und glücklich.

Eigenverantwortung

Der entscheidende Schritt auf diesem Weg ist, selbst die Verantwortung für Ihr Leben zu übernehmen. Sie erschaffen Ihre Realität durch die Gedanken, die Sie sich über sich und Ihre Umwelt machen. Durch Ihr Denken erbauen Sie im Lauf Ihres Lebens ein Gedankengebäude, das Sie umgibt und das Sie als Ihre Realität empfinden. So gestalten Sie sich Ihre Gegenwart und Ihre Zukunft. Wenn Sie Ihr Leben positiver gestalten wollen, können Sie nur bei sich selbst anfangen.

Die Aura-Soma-Therapie

Kabballistischer Griff
Damit sich aus dem Öl Ihrer Aura-Soma-Flasche eine Emulsion bilden kann, halten Sie Ihre Flasche beim Schütteln im so genannten kabballistischen Griff. Dabei legen Sie Ihren Mittelfinger auf die Flaschenöffnung, Zeige- und Ringfinger rechts und links neben den Flaschenhals. Ihr Daumen greift unter die Flasche; der kleine Finger ist dabei abgespreizt.

Aura Soma umfasst inzwischen 98 Farböle, 14 Pomander, 14 Quintessenzen, 14 Tinkturen sowie ein ganzheitlich unterstützendes Kosmetikprogramm. Aura Soma wurde 1983 von der hellsichtigen englischen Apothekerin Vicky Wall intuitiv entdeckt und entwickelt. Nach Ihrem Tod im Jahr 1991 führte Ihr Nachfolger Mike Booth Vickys Werk weiter.

98 Farböle

Die Farböle bestehen jeweils zur Hälfte aus Pflanzenöl, das mit ätherischen Ölen versetzt ist, und zur Hälfte aus dem Wasser einer Heilquelle in England, versehen mit Pflanzenessenzen. Beide Teile sind mit Pflanzenfarben und Edelsteinenergien angereichert.

Ganz wichtig: das richtige Schütteln

Die Farböle müssen vor dem Auftragen auf spezielle Körperbereiche immer erst geschüttelt werden, und zwar bei geöffneter Flasche. Durch diesen Schüttelvorgang wird eine Emulsion aus Öl und Wasser hergestellt, außerdem nimmt das Aura-Soma-Farböl dabei Ihre ganz individuelle Eigenschwingung auf, was ähnlich wie bei verschiedenen Naturheilverfahren die Heilung unterstützt. Das Öl zieht sehr leicht in die Haut ein, die Inhaltsstoffe gelangen über das Lymphsystem und die Blutbahnen in den Körper.

Für jeden das passende Farböl

Jeder findet die Farböle, die seinen momentanen Prozess am besten ausdrücken. Davon war Vicky Wall zeitlebens überzeugt. Ideal wäre es, zu Beginn Ihrer »Aura-Soma-Laufbahn« eine/n Aura-Soma-Berater/in aufzusuchen. Sie wählen in einem so genannten Reading vier Öle aus, die Potenzial, Herausforderung, Gegenwartsenergien und zukünftige Mög-

lichkeiten repräsentieren. Diese Themen werden Ihnen jeweils in Bezug auf die physische, emotionale, mentale und spirituelle Ebene genau erklärt. Sie entscheiden, mit welchem Öl Sie wie lange an sich arbeiten möchten. Es ist im Prinzip sinnvoll, mit einem Öl so lange zu arbeiten, bis wirklich eine spürbare Veränderung einer Blockade stattgefunden hat. Folgen Sie jedoch immer Ihrem Empfinden. Wenn Sie eine Pause mit dem Öl einlegen möchten, dann tun Sie das einfach. Sie können das Farböl einzeln oder in Verbindung mit anderen Aura-Soma-Substanzen anwenden.
Es gibt viele Auswahlverfahren – vom reinen intuitiven Hineinspüren über das Auspendeln bis hin zur kinesiologischen Überprüfung. Auch das gibt es: In meiner Praxisarbeit lernte ich Menschen kennen, die von dem Farböl träumten, das für sie gerade wichtig war.

Lichtdusche
Geben Sie etwas Pomander auf Ihre Handflächen, heben Sie die Hände über Ihr Scheitelzentrum, und stellen Sie sich vor, unter einer Dusche aus farbigem Licht zu stehen. So können Sie sich schnell erfrischen und reinigen.

14 Pomander

Ein Pomander besteht aus einer Alkoholbasis und einem »Pool« von 49 Kräutern und Pflanzen mit Betonung auf der Duftnote, die zu der jeweiligen Pflanzenfarbe passt. Der gelbe Pomander beispielsweise verströmt die ätherischen Öle von Zitrone und Lemongrass.

Parfüm für die Seele

Vom Pomander werden drei Tropfen direkt aus dem Fläschchen auf die linke Handfläche gegeben und mit der rechten Handfläche verrieben. Danach fächeln Sie den duftenden Pomander in Ihre sieben Energiezentren und hinter dem Rücken ein. Halten Sie die Hände vor die Nase, und atmen Sie den Duft tief ein.
Verwenden Sie nur Pomander, deren Duft Sie angenehm finden. Falls Sie am selben Tag mehrere Pomander verwenden wollen, achten Sie darauf, dass mindestens drei Stunden Abstand zwischen den Anwendungen liegen. So lange wirkt der Pomander in Ihrer Aura.

Harmonisiert die Chakren und die Aura

Die Pomander wirken harmonisierend im elektromagnetischen Feld und auf der Ebene der Chakren. Darüber hinaus hat jeder Pomander eine eigene spezifische Wirkung (siehe Anhang, »Die Pomander im Überblick«).
Den für Sie geeigneten Arbeitspomander, der Sie in einer bestimmten Situation unterstützt, wählen Sie entweder im Rahmen einer individuellen Aura-Soma-Beratung aus – oder einfach nach Ihrem momentanen Bedürfnis.

Verbessert die Raumatmosphäre

Arbeiten Sie mit Gruppen? Meditieren Sie viel? So können Sie die Atmosphäre Ihres Gruppen- und/oder Meditationsraums vorbereiten: Tropfen Sie etwas Pomander Ihrer Wahl auf einen Federfächer, und fächeln Sie damit den Raum aus.

Wirkt im Schlaf
Träufeln Sie am Abend vor dem Einschlafen drei Tropfen Ihrer Quintessenz auf Ihr Kopfkissen. So unterstützen Sie Ihre Arbeit auf der Traumebene.

14 Quintessenzen

Eine Quintessenz besteht wie ein Pomander aus einer Alkoholbasis und einem »Pool« von Kräutern und Pflanzen, allerdings in einer noch feiner wirkenden Kombination.

Einfächeln in die Aura

Träufeln Sie drei Tropfen Ihrer Quintessenz auf das linke Handgelenk, verreiben Sie die Quintessenz mit dem rechten Handgelenk, und fächeln Sie sie in die Aura, in Ihr elektromagnetisches Feld ein. Machen Sie dabei große, flügelschlagartige Bewegungen mit den Armen, und atmen Sie den Duft danach tief ein.

Wirkt auf tiefer Seelenebene

Die Quintessenz sollte sehr bewusst gewählt werden und wirklich nur dann verwendet werden, wenn der Geruch als sehr angenehm empfunden wird. Da die Energie der Quintessenz tief in die Seelenebene eindringt, ist sie bei Menschen, die gerne meditieren, sehr beliebt.

14 Aura-Soma-Tinkturen

Im Aura-Soma-System gibt es 14 Tinkturen. Sie unterscheiden sich insofern von den anderen Aura-Soma-Substanzen, als sie innerlich zugeführt werden. Diese Tinkturen sind in dunkelbraunen 30-Milliliter-Glasfläschchen erhältlich.

Kombination
Sie können die Tinkturen entweder einzeln oder in Kombination mit allen anderen Aura-Soma-Substanzen anwenden.

Farben trinken

Die farblos erscheinenden Tinkturen enthalten die Farbinformationen von Pflanzen, Edelsteinen und Metallen. So haben Sie die Möglichkeit, Farben, die Sie z. B. besonders betonen möchten, in sich »hineinzunehmen«. Im Normalfall genügt es, zweimal drei Tropfen täglich auf der Zunge einwirken zu lassen. Aura Soma bietet darüber hinaus für Menschen, die die Tinkturen lieber äußerlich anwenden wollen, auch Tinkturencremes an.

Pendeltafel zur Auswahl Ihrer passenden Tinktur

Halten Sie Ihr Pendel einfach über den Mittelpunkt der Pendeltafel. Entspannen Sie sich, und warten Sie, bis sich Ihr Pendel in Bewegung setzt. Es wird dann in Richtung der Tinktur schwingen, die im Moment für Sie die richtige ist.

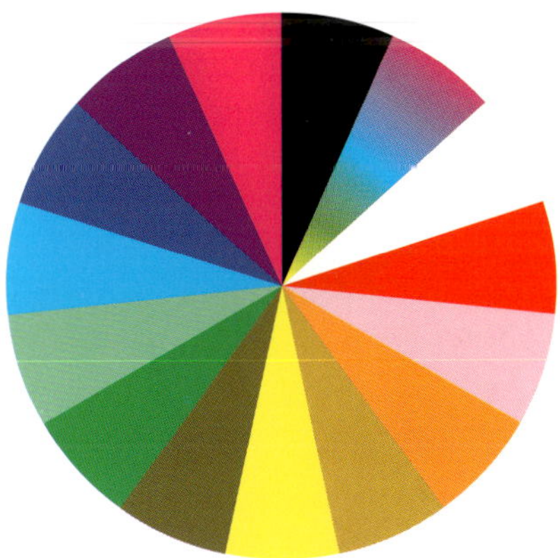

Kombination mit anderen Therapien

Verdünnung
In eine zu zwei Dritteln mit Wasser und zu einem Drittel mit Alkohol gefüllte braune 100-Milliliter-Glasflasche geben Sie sieben Tropfen aus der Essenzflasche. Davon nehmen Sie dreimal täglich vier Tropfen auf die Zunge. Vor jeder Anwendung das Ganze schütteln, um es zu dynamisieren.

Aura Soma kann wunderbar mit anderen Therapieformen kombiniert werden. Da in Aura Soma die Grundelemente von Aromatherapie, Farb- und Lichttherapie und Edelstein- und Essenztherapie einfließen, eignen sich diese Therapieformen auch besonders dazu, die Aura-Soma-Anwendung ganzheitlich zu verstärken.

Edelsteintherapie

Die Steinheilkunde ist eine uralte Heilform und wurde in vielen alten Kulturen erfolgreich eingesetzt. Jeder Stein besitzt aufgrund seiner Farbe und seiner Kristallstruktur eine individuelle Schwingung und zeigt deshalb ganz spezifische Wirkungen in unserem Energiesystem.

Steine leben

Edelsteine sind lebendige »Werkzeuge«, mit denen wir bewusst umgehen sollten, um optimale Ergebnisse zu erzielen. Lassen Sie sich beim Steinkauf Zeit, und wählen Sie einen Stein, der sich gut in Ihrer Hand anfühlt. Achten Sie auf seine Form und darauf, ob er gut auf den Körper aufgelegt werden kann.

Steine immer reinigen

Bei direktem Körperkontakt nehmen Edelsteine sehr intensiv unsere Energie auf. Wichtig ist nach jeder Edelsteinanwendung, den Stein schonend, aber gründlich zu reinigen. Zum Reinigen spülen Sie Ihren Stein etwa zwei Minuten unter fließendem, kaltem Wasser ab. Lassen Sie gleichzeitig in Ihrer Vorstellung einen Strom aus weißem Licht durch den Stein fließen. Oder Sie legen Ihren Stein zum Reinigen über Nacht in eine Schale mit Meersalz oder in eine Amethystdruse.

Steine sollten aufgeladen werden

Zum Aufladen legen Sie Ihren Stein in die Morgen- bzw. Abendsonne. Oder Sie laden ihn mental auf, indem Sie ihn in Ihre rechte Hand nehmen, mit jedem Atemzug über Ihr Scheitelzentrum weißes, heilendes Licht einatmen und mit jedem Ausatmen über die rechte Hand in den Edelstein hineinfließen lassen.

Edelsteinessenzen – die reine Schwingung

Die Edelsteinessenzen enthalten die Information, die Schwingung der entsprechenden Edelsteine. Sie wirken nur dort in unserem Energiesystem, wo sie benötigt werden. Es gibt keine unerwünschten Reaktionen. Edelsteinessenzen werden innerlich angewendet; sie sind in Stockbottles erhältlich und werden zur Einnahme noch einmal verdünnt.

Krafttrank
Sie können sich auch Edelsteinwasser herstellen, indem Sie in ein Glas Quellwasser gereinigte und aufgeladene Steine Ihrer Wahl legen. Stellen Sie dieses Glas zwölf Stunden in die Sonne oder ins Licht, und trinken Sie danach Ihr Edelsteinwasser (Steine vorher herausnehmen) in kleinen Schlucken über den Tag verteilt.

Aromaöle – heilende Düfte

Die Aromatherapie, eine uralte Therapieform, macht sich die heilende Wirkung ätherischer Öle zunutze. Schon im alten Ägypten und im alten China begleiteten heilsame Duftstoffe in Form von Ölen, Räucherungen und Salben die Menschen von der Geburt bis zum Tod. Auch die Griechen setzten medizinisch wirkende Öle in ihren Äskulaptempeln ein.

Ein paar Tropfen in die Duftlampe

Einige Tropfen in der Duftlampe genügen, und die eingeatmeten Öle wirken direkt über unsere Riechschleimhaut auf das limbische System. Auch die Haut nimmt die ätherischen Öle leicht auf, und über die Lymphe sowie die Blutbahn gelangen die heilsamen Bestandteile in unseren Körper. Ätherische Öle sollten nie direkt auf die Haut aufgetragen werden, da dies zu Reizungen führen kann. Um sie bei der Massage anwenden zu können, werden sie mit einem milden pflanzlichen Basisöl vermischt. Sind Sie schwanger? Dann beachten Sie bitte die besonderen Hinweise zu den einzelnen Ölen in diesem Buch.

Bach-Blüten

Pflanzenessenzen sind ein wichtiger Bestandteil der Aura-Soma-Essenzen. Sie sind im unteren Teil des Farböls (dem wässrigen Teil) eingelagert und wirken über die Haut in den Körper hinein. Als Kombination zu den jeweiligen Aura-Soma-Ölen eignen sich sehr gut die Bach-Blüten, die Orchideenessenzen und die weniger bekannten Hawaiianischen Kauai-Flower-Essenzen.

Heilende Schwingungen
Blütenessenzen übertragen heilende Schwingungen. Am bekanntesten sind bei uns die Bach-Blüten.

Impulse für die Seele

Bach-Blüten sind auch im deutschsprachigen Raum weit verbreitet. Ihr Entdecker, der englische Arzt Dr. Edward Bach, begann 1930, Pflanzenessenzen zu gewinnen. Die Pflanzen wurden in Quellwasser eingelegt und dann in die Sonne gestellt (Sonnenmethode) oder gekocht (Kochmethode).

Allein die Schwingung heilt

In diesen Blütenessenzen befand sich kein einziges Molekül der Ursprungspflanze mehr, sondern »nur« die über das Medium Wasser aufgenommene Schwingung der jeweiligen Pflanze. Dr. Bach fand intuitiv heraus, bei welchem disharmonischen Seelenzustand (der oft mit körperlichen Symptomen gekoppelt ist) welche Pflanzenessenz angezeigt ist, um den Menschen wieder in sein seelisches Gleichgewicht zu bringen.

Forschen nach den Ursachen

Heute werden Bach-Blüten wie zu Zeiten Dr. Bachs hergestellt und erfreuen sich weiter wachsender Beliebtheit. Wesentlich bei der Bach-Blüten-Therapie ist die Suche nach den Ursachen, um dann auf dieser Ebene die Heilungsimpulse zu setzen, ohne schädliche Nebenwirkungen und ohne Gefahr von Überdosierung. Für die Beschreibung der Bach-Blüten schlagen Sie bitte selbst in einem der zahlreichen Bücher nach. Für eine tiefergehende Therapie mit Bach-Blüten empfehle ich Ihnen, einen erfahrenen Bach-Blüten-Therapeuten aufzusuchen.

Hawaiische Blütenessenzen

»Kauai flower and gem essences« ist die korrekte englische Bezeichnung der Hawaiischen Blütenessenzen. Den Hersteller dieser Blüten, Ken Carlson, lernte ich persönlich auf Kauai, der »Garteninsel« der Inselgruppe von Hawaii kennen. Nach jahrelangem Erforschen der Heilwirkungen von Pflanzen und Früchten der Insel Kauai stellt er neben den einzelnen Blütenessenzen auch Essenzenmischungen her.

Pflanzenessenzen
Es gibt mittlerweile weltweit viele wunderbare Pflanzenessenzen. Das Angebot reicht von afrikanischen, australischen, neuseeländischen, kalifornischen und verschiedensten europäischen Blütenessenzen bis hin zu Essenzen aus Alaska und Hawaii, die zum Erspüren und Experimentieren einladen.

Energie von Wasser, Feuer und Licht

Diese Blütenessenzen tragen die sehr spirituelle Schwingung Hawaiis in sich, das der Überlieferung nach ein Rest des alten Lemuriens sein soll. Die Pflanzen dort wirken sehr kraftvoll, nehmen sehr viel Licht, Wasser (auf Kauai liegt der nässeste Punkt der Erde) und Vulkanenergie auf (die Inseln sind vulkanischen Ursprungs). Mit hawaiischen Pflanzen heilten und heilen die mit Naturkräften arbeitenden Schamanen Hawaiis.

Die Pflanzen bleiben unversehrt

Die hawaiischen Blütenessenzen werden nur zu bestimmten Zeiten unter optimalen Planetenkonstellationen gewonnen. Dies geschieht nach einer Methode, bei der die Pflanzen nicht geerntet werden, sondern unversehrt bleiben. Zum Teil sind die Blütenessenzenmischungen mit Edelsteinessenzen kombiniert, die auf Kauai in Zusammenarbeit mit der bekannten Edelsteintherapeutin Katrina Raphaell hergestellt werden.

Less Stress

Sofort wissen wir, das ist die »Antistressessenz«. Sie wirkt entspannend sowie ausgleichend und reduziert Stress und Angst. Jede einzelne Essenzenmischung trägt ganz programmatisch den Namen, der auf ihre spezifische Wirkung hinweist. »Shock and Trauma« z. B. hilft beim Verarbeiten und Lösen von Schockerlebnissen und Traumata. »Playfullness« verhilft uns zu Leichtigkeit und zu spielerischem Erleben.

Orchideenessenzen

Aura-Soma-Substanzen lassen sich hervorragend mit den Orchideenessenzen kombinieren. Diese von Andreas Korte im Amazonasgebiet gewonnenen Essenzen wirken sehr feinstofflich auf unseren Mental- und spirituellen Körper. Sie helfen uns, den Anschluss an die göttliche Quelle, an unser höheres Selbst zu finden, und bringen uns in Kontakt mit Engelsenergien.

Stockbottle

Aus der Stockbottle der Orchideenessenzen bereiten Sie Ihre Einnahmeflasche: Füllen Sie eine 30-Milliliter-Flasche je zur Hälfte mit Quellwasser und Kognak, und fügen Sie dann sieben Tropfen aus der gekauften Stockbottle hinzu. Nehmen Sie davon dreimal täglich vier Tropfen unter die Zunge, und lassen Sie sie dort einwirken.

Energien aus dem Regenwald

Wenn wir Orchideen betrachten, werden uns diese Wirkungen logisch erscheinen: Orchideen wachsen in großer Höhe im Regenwald des Amazonas. Sie kommen mit der Erde nie in Kontakt, nehmen ausschließlich Nährstoffe auf, die von den Bäumen tropfen, und ernähren sich von Sonnen- und Sternenenergie. Orchideen besitzen wunderschöne, sehr differenzierte Farben, Düfte und Formen, die oftmals an stilisierte Engelwesen erinnern.

Wirkung auf spiritueller Ebene

Orchideenessenzen wirken im Astralkörper, auf mentaler und auf spiritueller Ebene. Ihre Wirkung schwingt jedoch zurück in unseren Emotional- und physischen Körper. Da die Orchideenessenzen derart feinstofflich ansetzen, empfiehlt Andreas Korte, diese Essenzen nur zusammen mit einer passenden Edelsteinessenz einzunehmen, die diese feinen Energien auf der Körperebene verankert. Beachten Sie daher die Hinweise zu jeder Blüte im vorliegenden Buch.

Unbedingt austesten

Wenn Sie mit einer Orchideenessenz arbeiten wollen, ist es empfehlenswert auszutesten, welche Essenz Ihr Körper braucht, da diese Essenzen sehr kraftvoll und intensiv wirken. Sie können diesen Test mit einem herkömmlichen Pendel, einem Biotensor oder auch kinesiologisch durchführen.

Praktische Hinweise für die Arbeit mit den Aura-Soma-Farbölen

Im Folgenden werden die 98 Aura-Soma-Farböle einzeln vorgestellt. Zu jedem Farböl erhalten Sie entsprechende Hinweise für die Kombination mit anderen Therapien (mit Edelsteinessenzen, Aromaölen und Blütenessenzen), die Ihre Arbeit mit dem jeweiligen Farböl sinnvoll und ganzheitlich ergänzen. Welche Kombinationen Sie anwenden möchten, sollten Sie intuitiv entscheiden.

Affirmationen

Die zu den jeweiligen Ölen genannten Affirmationen unterstützen und verstärken die Wirkung der Aura-Soma-Farböle. Die Formulierungen »Ich verbinde mich…« u. Ä. sollen unserem Unterbewusstsein deutlich machen, dass die entsprechenden Qualitäten tief in unserem Inneren bereits vorhanden sind und uns dort jederzeit zur Verfügung stehen. Die Öle können uns so leichter erreichen und Ihre Wirkung entfalten.

Kopfschmerzen
Sie sollten nicht einfach eine Schmerztablette »einwerfen«, sondern einmal versuchen, Ihren Kopfschmerzen auf den Grund zu gehen. Lassen Sie sich dabei von Bach-Blüten oder auch von Aura-Soma-Farbölen helfen.

Kreativ-meditative Vorschläge

Die kreativen Anregungen, entstanden in meiner Praxisarbeit, gebe ich gerne als »Hausaufgabc« mit. Der bewusste und kreative Umgang mit den Themen der verwendeten Aura-Soma-Öle stärkt und festigt die inneren Wirkungen.

Meditationen

Entspannen Sie sich, und tauchen Sie in die entsprechende Szene ganz ein. Achten Sie am Ende der Meditation immer darauf, dass Sie bewusst wieder in Ihrem Körper ankommen und sich gründlich erden.

Lassen Sie sich führen

Idealerweise lassen Sie sich von jemandem durch die Meditation führen. Oder Sie sprechen die Texte auf Band, und Ihre eigene Stimme begleitet Sie auf der Reise nach innen.

Nr. 0 Spirituelle Notfallflasche

KÖNIGSBLAU ÜBER TIEFMAGENTA

»Ich fühle mich beschützt und geistig geborgen, wie in einen tiefblauen Mantel eingehüllt.«

Eigenschaften: ist tief entspannend, sowohl körperlich als auch geistig; ist öffnend für tiefes spirituelles Wissen; stärkt das Vertrauen, geborgen zu sein, auch bei tiefer Trauer und Verzweiflung. Die Farben Blau und Tiefmagenta wirken entzündungshemmend und schmerzlindernd.
Energiezentrum: Kronenchakra.
Aufzutragen: am Haaransatz und auf die Ohren; intuitiv überall am Körper, wo Sie ein Bedürfnis nach dieser Farbe verspüren; auf gesamter Fußsohle, um über die Reflexzonen den Körper mit der Energie des Öls zu versorgen.
Gedanken zu Nr. 0: Dieses Öl eignet sich sehr gut zum Begleiten beim Abschiednehmen – es kann Sterbenden auf Fußsohlen, Handflächen und am Kopfbereich einmassiert werden. Hilft auch den Zurückbleibenden.

Gut einschlafen
Die Schwingung der Amethyst-Edelsteinessenz ist sanft und beruhigend. Die Essenz ist daher ein ideales Schlafmittel, vor allem für hyperaktive Kinder. Vor einer Meditation eingenommen, hilft Ihnen das Elixier besonders gut loszulassen und tief zu entspannen.

Edelsteine und Edelsteinessenzen

Amethyst wirkt beruhigend und Vertrauen spendend, inspirierend, meditationsfördernd und klärend; verhilft zu tiefem inneren Frieden; unterstützt beim Erkennen des großen Ganzen.

Besondere Hinweise: Halten Sie beim Meditieren einen Amethyst in der linken Hand, mit der Spitze zum linken Arm zeigend. Legen Sie kleine Drusen auf die Stirn oder intuitiv auf andere Körperstellen. Eine Amethystdruse oder -kugel im Raum bewahrt vor negativen Einflüssen.

Amethystessenz wirkt entspannend, ausgleichend; stärkt die endokrinen Drüsen und das Nervensystem; hilft besonders gut bei Kopf- und Nervenschmerzen sowie bei Migräne.

Aromaöle

Lavendel wirkt stimmungsaufhellend, entspannend, besonders im Kopfbereich, und ist abwehrsteigernd.

Blütenessenzen

Bach-Blüten: Rescue (innerlich und äußerlich).
Kauai-Flower-Essenzen: Deep Emotional Release hilft Angst, Schmerz und Traurigkeit loszulassen.
Orchideenessenzen: Psycho Orchid hilft Kontakt zu unserem Inneren, zu unserem Potenzial zu bekommen – uns selbst zu finden, zu erkennen und auch uns anzunehmen. Bitte nur zusammen mit Lapislazuli- oder Amethystessenz einnehmen. Angel of Protection Orchid schützt und stärkt das Urvertrauen, hält negative Schwingungen von uns fern. Bitte diese Essenz nur zusammen mit Schwarzer Turmalinessenz einnehmen.

Kreativ-meditativer Vorschlag

Malen Sie folgendes Bild: Sie stehen, eingehüllt in einen wärmenden tiefblauen Mantel, unter einem klaren Nachthimmel mit wunderschönen Sternen. Sie können dieses Bild auch visualisieren und sich innerlich hineinbegeben.

Nr. 1 Körperliche Notfallflasche

BLAU ÜBER TIEFMAGENTA

*»Ich vertraue mich dem Fluss des Lebens an.
Ich weiß, dass ich beschützt werde.«*

Erste Hilfe
Das Aura-Soma-Öl Nr. 1 ist, wie der Name es ausdrückt, besonders geeignet für alle körperlichen Notfälle. Die Flasche kann deshalb auch als erste Hilfe verwendet werden.

Eigenschaften: aktiviert innere Kräfte und ist konzentrationsfördernd; hilft in Krisensituationen einen klaren Kopf zu behalten, kühlt Emotionen ab; wirkt heilend auf allen Ebenen, tief entspannend und lindernd; ist vor allem bei akuten schmerzhaften Zuständen anwendbar.
Energiezentrum: Drittes Auge (Stirnchakra) und Kronenchakra (Chakraflasche für Stirn- und Kronenzentrum).
Aufzutragen: intuitiv auf die betroffenen, schmerzenden Stellen; auf die Fußsohlen (Fußreflexzonen); auf Stirn, Schläfen, Hinterhaupt (für Stirnzentrum); rund um den Haaransatz (für Scheitelzentrum). Das Einmassieren in die Ohrmuscheln aktiviert die Ohrreflexzonen.
Gedanken zu Nr. 1: Ich bemühe mich um geistige Klarheit und weiß, dass ich mit den Dingen und Situationen konfrontiert werde, auf die ich meine innere Aufmerksamkeit lenke. Die Energie folgt der Aufmerksamkeit. Deshalb kann ich mich ruhig und gelassen dem Fluss des Lebens anvertrauen, nichts kann mir geschehen. Ein magisches Leben.

Edelsteine und Edelsteinessenzen

Amethyst wirkt beruhigend, Vertrauen spendend; fördert tiefen inneren Frieden und Ruhe; hilft beim Erkennen des großen Ganzen; ist inspirierend, meditationsfördernd und klärend.
Amethystessenz wirkt entspannend und ausgleichend; stärkt die endokrinen Drüsen und das Nervensystem; hilft bei Kopfschmerzen, Migräne und Nervenschmerzen.

Aromaöle

Lavendel wirkt stimmungsaufhellend und entspannend.

Blütenessenzen

Bach-Blüten: Rescue (innerlich und äußerlich).
Kauai-Flower-Essenzen: Will Power hilft dabei, sich größerer Klarheit und Stärke zu öffnen.
Orchideenessenzen: Amazonas-Flußpräparat bringt unsere Lebensenergie in Schwung; löst Blockaden im Körper, die wie von einem Strom sanft weggespült werden.
Bitte nur zusammen mit der Aquamarinessenz einnehmen. Angel of Protection Orchid schützt und stärkt das Urvertrauen, hält negative Schwingungen von uns fern und bringt uns in Kontakt mit unserem Schutzengel. Bitte nur zusammen mit Schwarzer Turmalinessenz einnehmen.

Kreativ-meditativer Vorschlag

Malen Sie ein Bild von einem tiefblauen, klaren See, oder visualisieren Sie sich dieses Bild. Setzen Sie sich in Gedanken an das Ufer dieses Sees. Gehen Sie, wenn Sie möchten, ins Wasser, und stellen Sie sich vor, wie das tiefblaue, klare Wasser alles Belastende, alles Schmerzhafte von Ihnen abwäscht.

Nr. 2 Friedensflasche

BLAU ÜBER BLAU

»Ich erinnere mich an den tiefen Frieden, der in jedem Moment meinen inneren Wesenskern erfüllt.«

Für Schwangere
Tragen Sie das Aura-Soma-Öl Nr. 2 während der Schwangerschaft rund um den Bauch auf. So verhindern Sie unschöne Schwangerschaftsstreifen.

Eigenschaften: ist entspannend und konzentrationsfördernd; schafft Zugang zu innerem Frieden und tiefer Intuition; fördert Kreativität und Kommunikationsfähigkeit; ist gut für die Stimme; unterstützt die Schilddrüse.
Energiezentrum: Kehlkopfchakra (Chakraflasche).
Aufzutragen: rund um den Hals, im Schulter- und Nackenbereich (entspannt dort verkrampfte Muskulatur); auf Stirn, Schläfen und Hinterhaupt; auf Fußsohlen und Fußrücken.
Gedanken zu Nr. 2: Gerade im Alltagsstress sollten wir uns täglich einige Minuten gönnen und versuchen, uns in unseren inneren friedvollen Raum zurückzuziehen. Die blaue Friedensflasche vor unseren Augen (z. B. im Büro als »Raumflasche«) erinnert uns an den tiefen Frieden in unserem Inneren.

Edelsteine und Edelsteinessenzen

Lapislazuli wirkt konzentrationsfördernd und reinigend; schließt uns an unsere innere Kraftquelle an; ist gut bei Halsbeschwerden, Kehlkopf- und Stimmbandproblemen; fördert klaren Ausdruck.
Blauer Turmalin (Indigolith) unterstützt Lunge und Schilddrüse; erleichtert den Ausdruck von Gefühlen.
Blaue Turmalinessenz fördert Erkenntnis und Wissen; löst im Solarplexus angestaute Gefühle, die jetzt sprachlich ausgedrückt werden können.
Lapislazuli bewahrt vor Depressionen und negativen Einflüssen; stärkt die Willenskraft.

Aromaöle

Lavendel wirkt stimmungsaufhellend und entspannend, besonders im Kopfbereich; steigert die Abwehr.

Blütenessenzen

Bach-Blüten: Cerato hilft bei Unsicherheit und Ratlosigkeit. Agrimony macht unverkrampft und fördert Lebensfreude; weckt den Wunsch nach mehr Ehrlichkeit zu sich selbst und anderen gegenüber.

Kauai-Flower-Essenzen: Less Stress wirkt entspannend; reduziert Anspannung und Angst.

Orchideenessenzen: Angel Orchid macht leicht und fröhlich, lässt uns aufsteigen in das Bewusstsein höherer Sphären und öffnet für die Kommunikation mit den Engeln. Bitte nur zusammen mit der Blauen Turmalinessenz verwenden.

Kreativ-meditativer Vorschlag

Schreiben Sie auf ein großes Blatt Papier alles, was wichtig ist, um Ihren inneren Frieden zu spüren.
Wie möchten Sie arbeiten?
Wie möchten Sie im Alltag leben?
Welche Gefühle möchten Sie klarer ausdrücken?
In welchen Bereichen, von welchen Menschen möchten Sie sich klarer abgrenzen?

Nr. 3 Herzflasche

BLAU ÜBER GRÜN

»Ich verbinde mich mit meiner inneren Herzenswahrheit und drücke sie klar und liebevoll aus.«

Vorsicht mit Zedernöl
Während der Schwangerschaft sollten Sie das Aromaöl der Zeder nicht verwenden. Es kann die Wehentätigkeit vorzeitig anregen.

Eigenschaften: hilft die eigene Herzenswahrheit zu erkennen; lässt uns »tief durchatmen«; erleichtert den kreativen Ausdruck unserer Herzensgefühle; wirkt emotional ausgleichend und antidepressiv; hat harmonisierenden Einfluss auf Herz- und Lungenbereich sowie auf die Bronchien.
Energiezentrum: Herzchakra (Chakraflasche).
Aufzutragen: rund um den gesamten Brustraum (sowohl vorne als auch hinten); außerdem auf beide Fußsohlen.
Gedanken zu Nr. 3: Die Herzflasche Blau über Grün erinnert an saftig grüne Wiesen mit einem klaren blauen Himmel darüber. In vielen alten Kulturen wurden zu Heilzwecken Bäume aufgesucht; die Menschen lehnten sich an die Bäume und nahmen so deren Kraft auf.

Edelsteine und Edelsteinessenzen

Smaragd hilft alte Muster aufzulösen; fördert das liebevolle Gefühl der Verbundenheit mit allen Wesen; wirkt erfrischend.
Malachit macht unterdrückte Gefühle sichtbar; fördert den Gefühlsausdruck; öffnet für Schönheit; wirkt entgiftend.
Aventurin wirkt entspannend, regenerierend, entzündungshemmend, schmerzlindernd, besonders im Herzbereich.
Smaragdessenz regt die Selbstheilungskräfte an; verbindet mit dem höheren Selbst.
Weitere Essenzen, die vor allem im Herzbereich entspannend und regulierend wirken, sind Grüne Adventurinesssenz und Rosenquarzessenz.

Aromaöle

Melisse gleicht Gefühlsschwankungen aus; steigert die Abwehr; harmonisiert und entspannt das Herzzentrum.
Rose öffnet für die Liebe auf allen Ebenen.
Zeder ist beruhigend. Nicht bei Schwangerschaft anwenden!

Blütenessenzen

Bach-Blüten: Gorse, Heather, Wild Oat, Rock Water, Pine, Mustard, Larch, Beech, Holly, Chicory.
Kauai-Flower-Essenzen: Divine Love stärkt Vertrauen in göttliche Liebe, verhilft zur Selbstliebe. Love Essence baut alte Ängste ab, das Herz anderen gegenüber zu öffnen; Relationships hilft dabei, sich für neue Beziehungen zu öffnen.
Orchideenessenzen: Venus Orchid öffnet für die Liebe. Bitte nur zusammen mit der Smaragdessenz verwenden.

Kreativ-meditativer Vorschlag

Basteln Sie eine »Herzcollage« aus allem, was Ihrem Herzen nahe steht (Menschen und Tiere, Pflanzen, Steine, Arbeit, Hobbys, schöne Dinge). Kleben Sie Fotos, Bilder, gepresste Blätter und Blüten auf diese Collage. Betrachten Sie diese Collage öfter, und spüren Sie dabei die Freude in Ihrem Herzen.

Nr. 4 Sonnenflasche

GELB ÜBER GOLD

»Ich verbinde mich mit der unerschöpflichen Kraftquelle, die aus meinem inneren Wesenskern entspringt.«

Eigenschaften: bringt Sonnenlicht und Lebensfreude in den Alltag; wirkt antidepressiv, nervenstärkend; spendet Energie; löst Ängste; erleichtert Wissensaufnahme; bringt uns in Kontakt mit alter Weisheit; wirkt positiv auf die Wirbelsäule und harmonisiert Magen und Darm.
Energiezentrum: Solarplexus.
Aufzutragen: rund um den Bauch, etwas oberhalb des Nabels; auf Fußsohlen (besonders die Reflexzonen für den Solarplexus).
Gedanken zu Nr. 4: Besonders im Herbst und Winter sehnen wir uns nach Farben, die uns Wärme und Licht vermitteln. Tauchen Sie einfach ein in diese Sonnenlichtenergien, und machen Sie sich bewusst, dass wir all diese Kraft jederzeit in unserem inneren Kern besitzen.

Sonnenlicht
Legen Sie sich einen Zitrin direkt auf Ihren Solarplexus und einen zweiten Zitrin direkt über Ihr Scheitelzentrum, und stellen Sie sich vor, wie Sonnenlicht in Ihr Scheitelzentrum einströmt, bis hinunter in Ihren Solarplexus.

Edelsteine und Edelsteinessenzen

Zitrin wärmt, spendet Energie; zieht materiellen Reichtum an, ohne ihn fest zu halten; unterstützt das Verdauungssystem und auch die »Verdauung« geistiger Erfahrungen; schützt und balanciert emotionale Ebene im Solarplexus aus; stärkt die Lebensfreude.
Peridot (Olivin) regeneriert und kräftigt gesamten Organismus; stimuliert geistig; öffnet für Freude und Liebe; wirkt auf Solarplexus und Herzzentrum.
Olivinessenz vermittelt Frohsinn und Lebensfreude.
Zitrinessenz wirkt anregend auf Leber, Galle, Milz und Pankreas; gleicht die Hirnhälften aus; stärkt das Vertrauen und weckt Zärtlichkeit.

Aromaöle

Muskatellersalbei regt an, belebt; wirkt entspannend.
Bergamotte entspannt die Nerven; wirkt antiseptisch.
Fenchel löst Krämpfe im Magen- und Darmbereich. Nicht bei Schwangerschaft und Epilepsieneigung anwenden!

Blütenessenzen

Bach-Blüten: Holly, Aspen, Rock Rose, Mimilus, Olive.
Kauai-Flower-Essenzen: Deep Tension Relief unterstützt das Nervensystem. Clearing Negativity klärt und reinigt auf allen Ebenen. Playfullness vermittelt Leichtigkeit und Freude.
Orchideenessenzen: Fun Orchid steigert Humor und Lebensfreude. Chocolate Orchid stärkt Selbstliebe. Nehmen Sie bitte Fun Orchid nur zusammen mit Olivinessenz und Chocolate Orchid nur zusammen mit Zitrinessenz ein.

Kreativ-meditativer Vorschlag

Gestalten Sie sich einen kleinen Meditationstisch ganz in Gelb/Gold: z. B. mit Farböl Nr. 4, einem gelben Seidentuch, gelben Blumen, Bienenwachskerzen, einem Zitrin, einem gemaltem Sonnensymbol und goldfarbenen Dekorationsgegenständen. Ihrer Phantasie sind keine Grenzen gesetzt. Setzen Sie sich davor, und meditieren Sie. Oder erfreuen Sie sich einfach an Ihrem »Stilleben«. Stellen Sie eine Duftlampe mit Muskatellersalbei oder Bergamotteöl dazu.

Nr. 5 Sonnenaufgang und Sonnenuntergang

GELB ÜBER ROT

»Ich verbinde mich mit der tiefen Freude, die jederzeit von meinem inneren Wesenskern ausstrahlt.«

Rotes Mandala
Legen Sie sich ein kreuzförmiges Edelsteinmandala aus Granaten oder Rubinen auf den Unterleib, wobei der Stein auf dem Schambein den untersten von insgesamt fünf Steinen bildet. Spüren Sie die Energie spendende und kräftigende Wirkung der Steine.

Eigenschaften: wirkt Energie spendend; stärkt Lebensfreude; macht Gefühle bewusst, die im Basiszentrum gespeichert wurden; wirkt sexuell anregend; hilft, unser Wissen konkret im Alltag umzusetzen; unterstützt uns dabei, unsere innere Energie weise zu nutzen.
Energiezentrum: Basischakra (Chakraflasche).
Aufzutragen: rund um den gesamten Unterbauch; auf beide Fußsohlen (vor allem auf die Reflexzonen des Unterleibes und der Fortpflanzungsorgane).
Gedanken zu Nr. 5: Dieses Öl fordert Sie auf, sich mit Ihrer Sexualität zu beschäftigen. Stellen Sie sich dabei folgende Fragen: Lebe ich meine Sexualität, wie ich es möchte? Empfinde ich Freude dabei? Weiß ich, was ich mir in der Sexualität wünsche, und kann ich es äußern? Trage ich alte Muster in mir, die mich an einer freudvoll gelebten Sexualität hindern? Nehme ich mich mit meiner Sexualität an, und liebe ich mich damit selbst?

Edelsteine und Edelsteinessenzen
Rubin stärkt körperliche und geistige Liebe; löst Emotionsstauungen auf; regt Leidenschaft an; macht im Denken wach.
Granat schenkt Mut, Hoffnung, Zuversicht; fördert Selbstvertrauen und Lebensfreude; hilft alte Verhaltensmuster aufzulösen und löst Blockaden; harmonisiert im Sexualbereich; regt den Stoffwechsel an.
Rubinessenz unterstützt Selbst- und Nächstenliebe.

Aromaöle

Lemongrass wirkt geistig anregend, konzentrationsfördernd.
Eisenkraut erfrischt. Nicht bei Schwangerschaft anwenden!
Zitrone wirkt stimmungsaufhellend, gedächtnisstärkend.
Ylang-Ylang wirkt entkrampfend und erotisierend.

Blütenessenzen

Bach-Blüten: Wild Rose, Chestnut Bud, Pine, Vervain.
Kauai-Flower-Essenzen: Dissolve Sexual Negativity hilft negative sexuelle Konditionierungen loszulassen. Erotic Lovemaking unterstützt die erotische Energie. Female Sexual Liberator hilft blockierende sexuelle Muster loszulassen.
Orchideenessenzen: Victoria Regia regt die Kundalini-Energie an und steigert die körpereigene Schwingung. Bitte nur zusammen mit der Rubinessenz verwenden.

Kreativ-meditativer Vorschlag

Malen Sie ein Bild ganz in Rot-, Orange-, Gelbtönen. Malen Sie auch, wenn Sie möchten, in diesen Farben ein Symbol Ihrer Sexualität, und betrachten Sie die Bilder öfter. Genießen Sie, so oft wie möglich und ganz besonders, wenn Sie Urlaub am Meer machen, Sonnenauf- und -untergänge. Atmen Sie die warmen, goldroten Sonnenstrahlen tief in Ihren Körper ein.

Nr. 6 Energieflasche

ROT ÜBER ROT

»Jeden Augenblick bin ich mit Mutter Erde verbunden. Sie nährt und versorgt mich mit unerschöpflicher Energie.«

Verbindet
In Indien wird das Sandelholz sowohl dem Basiszentrum, als auch dem obersten Energiezentrum zugeordnet. Es soll die Kundalini-Kraft mit der Kraft der Erleuchtung verbinden.

Eigenschaften: wirkt stark Energie spendend, deshalb nicht zu spät am Abend auftragen, da Sie sonst mit Einschlafschwierigkeiten rechnen müssen; ist wärmend und sexuell anregend; erdet.
Energiezentrum: Basischakra (Chakraflasche).
Aufzutragen: rund um den Unterleib bis zur Schamhaargrenze; Beine abwärts; auf beide Fußsohlen.
Gedanken zu Nr. 6: Gerade für Menschen, die sich spirituell betätigen, sehr auf Geistiges ausgerichtet sind, ist es sehr wichtig, sich immer wieder bewusst zu erden. Stellen Sie sich einen Baum mit riesiger Krone und kleinen, kümmerlichen Wurzeln vor – er würde beim nächsten Sturm umkippen. Wachsen Sie nur in dem Tempo »nach oben«, wie Sie Ihre Wurzeln in der Erde verankern. Rot bedeutet auch, sich in der Materie sicher zu fühlen, z. B. genügend Finanzen zur Verfügung zu haben, um sorgenfrei leben zu können. Rot bedeutet darüber hinaus, persönliche Ideen kraftvoll und selbstbewusst im Alltag umzusetzen.

Edelsteine und Edelsteinessenzen

Rubin stärkt die körperliche und geistige Liebe; löst Emotionsstauungen auf; regt die Leidenschaft an; macht im Denken und Handeln wach.
Granat schenkt Mut, Hoffnung, Zuversicht; fördert Selbstvertrauen und Lebensfreude; hilft alte Verhaltensmuster aufzulösen und löst Blockaden; harmonisiert im Sexualbereich; regt den Stoffwechsel an.

Rubinessenz unterstützt Selbst- und Nächstenliebe.
Hämatitessenz schützt, spendet Energie; erdet spirituelle Energien und aktiviert unser so genanntes Erdsternchakra, das unter uns in der Erde liegt.

Aromaöle

Sandelholz wirkt wärmend, beruhigend und ausgleichend; harmonisiert und wirkt aphrodisisch.

Blütenessenzen

Bach-Blüten: Olive, Oak, Scleranthus, Elm, Hornbeam.
Kauai-Flower-Essenzen: Grounding stärkt und erdet.
Orchideenessenzen: Füllhorn-Cattleya lehrt uns, dass alles, auch das Materielle, im Überfluss vorhanden ist.
Bitte nur zusammen mit Hämatitessenz verwenden.

Kreativ-meditativer Vorschlag

Kaufen Sie sich gut formbare Tonmasse (Ton ist ein Bestandteil der Erde). Binden Sie sich ein Seidentuch um Ihre Augen, und beginnen Sie, den Ton »blind« und intuitiv zu formen. Arbeiten Sie so lange, wie Sie möchten, und nehmen Sie das Element Erde ganz intensiv auf. Lassen Sie sich überraschen, wenn Sie das Ergebnis betrachten.

Nr. 7 Der Garten von Gethsemane

GELB ÜBER GRÜN

»Ich erinnere mich an das tiefe Vertrauen, das in jedem Moment in meiner Mitte vorhanden ist.«

Traumidee
Wollen Sie anregende und interessante Träume? Ein Jadestein, in der Nacht unter das Kopfkissen gelegt, lässt Sie gut und intensiv träumen.

Eigenschaften: wirkt entspannend, entgiftend; stärkt Glauben und Vertrauen; unterstützt die Entscheidungsfähigkeit des Herzens, schenkt Lebensfreude und fördert die Liebe zur Natur.
Energiezentrum: Herzchakra und Solarplexus.
Aufzutragen: rund um den Brustkorb in Höhe des Herzens; rund um den Bauch in Nabelhöhe; auf beide Fußsohlen.
Gedanken zu Nr. 7: Wer kennt nicht von Zeit zu Zeit das Gefühl: Ich fühle mich einsam, verlassen; ich zweifle an all dem, woran ich eigentlich glaube; ich fühle mich schutzlos dem Leben ausgeliefert. Hier unterstützt uns Öl Nr. 7 dabei, wieder Halt zu finden, neues Vertrauen zu schöpfen und uns nicht für unsere Zweifel zu be- oder verurteilen, sondern uns anzunehmen und zu lieben.

Edelsteine und Edelsteinessenzen

Jade unterstützt unsere spielerisch-spontanen Seiten; wirkt ausgleichend; belebt unsere Träume.
Zitrin wärmt, spendet Energie; unterstützt die Verdauung; stärkt die Lebensfreude; balanciert die emotionale Ebene im Solarplexus aus.
Peridot (Olivin) stimuliert geistig und regeneriert; kräftigt den gesamten Organismus; öffnet für Freude und Liebe; wirkt entspannend auf Solarplexus und Herzzentrum.
Olivinessenz vermittelt Frohsinn und Lebensfreude.
Zitrinessenz gleicht die Hirnhälften aus; stärkt das Vertrauen, weckt Zärtlichkeit.

Aromaöle

Melisse entspannt die Nerven und mindert Ängste; schützt; verströmt Frische und Wärme; wirkt antidepressiv.

Blütenessenzen

Bach-Blüten: Cerato.

Kauai-Flower-Essenzen: Grief hilft Gefühle der Trauer und Verschlossenheit loszulassen; gibt Mut weiterzumachen; wirkt anregend.

Orchideenessenzen: Chocolate Orchid stärkt die Selbstliebe; öffnet für die Freuden im Leben; »versüßt« das spirituelle Leben und hilft zu genießen; eignet sich deshalb für verbitterte, ernste Menschen.
Nehmen Sie bitte die Orchideenessenz Chocolate Orchid nur zusammen mit der Zitrinessenz ein.

Meditation »Herzensgarten«

Entspannen Sie sich, und begeben Sie sich in Ihrer Vorstellung in einen wunderschönen »inneren Garten«, einen Frühlingsgarten voller Wärme. Dies ist Ihr Herzensgarten, in den Sie jederzeit eintreten und wo Sie sich entspannen können.

Nr. 8 Anubis

GELB ÜBER BLAU

»Ich erinnere mich an die gewaltige Kraft eines jeden von mir gedachten oder gesprochenen Wortes.«

Eigenschaften: fördert sprachlichen Ausdruck; entspannt Solarplexus; stärkt die Fähigkeit zu lehren; fördert Selbsterkenntnis; vermittelt das Gefühl von Sonne und innerem Frieden.
Energiezentrum: Solarplexus, Herz- und Kehlkopfchakra.
Aufzutragen: rund um den gesamten Rumpf von Solarplexushöhe bis Halshöhe; auf beide Fußsohlen.
Gedanken zu Nr. 8: Wichtig für Menschen, die lehren, ist immer wieder die Selbstreflexion, die Selbsterkenntnis: Warum lehre ich? Was ist mein Ziel? Wie lehre ich? Wie sehe ich mich selbst? Was lerne ich dabei?
Das Aura-Soma-Öl Nr. 8 hilft diese Fragen zu klären und fördert die Fähigkeit, das eigene Wissen so klar wie möglich auszudrücken.

Aus dem Herzen reden
Legen Sie einen Lapislazuli auf Ihr Kehlkopfchakra, um Ihren klaren Ausdruck zu fördern. Ein Rosenquarz auf ihrem Herzzentrum hilft Ihnen dabei, aus dem Herzen heraus zu reden.

Edelsteine und Edelsteinessenzen

Lapislazuli war im alten Ägypten ein sehr verehrter Kraftstein, der auch auf das Dritte Auge gelegt wurde, um die Innensicht und die Hellsichtigkeit zu fördern; er unterstützt klaren, um Wahrheit bemühten Ausdruck; aktiviert den Geist.
Lapislazuliessenz unterstützt den eigenen Lebensweg; lässt in die Tiefe des Geistes blicken und Allumfassendes erkennen.

Aromaöle

Lavendel wirkt stimmungsausgleichend und entspannend, besonders im Kopfbereich; lässt Gedanken zur Ruhe kommen; steigert die Abwehr.

Blütenessenzen

Bach-Blüten: Willow, Elm.

Kauai-Flower-Essenzen: Will Power öffnet für größere geistige Klarheit; unterstützt uns dabei, alte Lethargie loslassen zu können, und gibt uns Kraft, Neues zu beginnen.

Orchideenessenzen: Psycho Orchid hilft uns dabei, Antworten zu finden auf Fragen nach dem Sinn unseres Lebens: Wer sind wir wirklich? Was ist unsere Aufgabe?

Tief in unserem Inneren finden wir die Antwort auf unsere Fragen. Die Orchideenessenz Psycho Orchid hilft uns, uns selbst zu finden, zu erkennen und anzunehmen. Sie eignet sich daher besonders gut als Unterstützung für jede Art von Psychotherapie oder für die Arbeit an sich selbst.

Bitte nehmen Sie diese Essenz nur zusammen mit Lapislazuliessenz oder Amethystessenz ein.

Kreativ-meditativer Vorschlag

Stellen Sie eine Liste mit all den Dingen zusammen, die Ihnen im Leben am wichtigsten sind. In was möchten Sie Ihre Energie stecken? Was ist Ihr Ziel? Was empfinden Sie als Ihre Lebensaufgabe? Was möchten Sie noch alles erreichen? Suchen Sie die Antworten auf diese Fragen in Ihrem Herzen!

Nr. 9 Das Herz im Herzen

TÜRKIS ÜBER GRÜN

»Ich spüre tief in mir die Wahrheit meines Herzens und drücke diese Wahrheit leicht und mühelos aus.«

Amazonit
Legen Sie sich beim Meditieren einen Amazonit auf Ihr Herzzentrum, oder halten Sie ihn bei Ihrer Meditation in der linken Hand. Lassen Sie die Energie des Amazonits auf sich wirken.

Eigenschaften: hilft die Wahrheit des eigenen Herzens zu finden; lässt innerlich »tief durchatmen«; hilft quälende Einsamkeit zu überwinden; unterstützt Kommunikation aus dem Herzen heraus und lässt uns frei und offen reden; aktiviert unser Mitgefühl; lindert Beschwerden im Brustbereich; hilft uns außerdem dabei, unser inneres Wissen über Kristalle zu aktivieren, und gewährt uns großen spirituellen Schutz.
Energiezentrum: Herzchakra und Bereich zwischen Herz- und Kehlkopfchakra.
Aufzutragen: rund um den gesamten Brust- und Lungenbereich; auf beide Fußsohlen (vor allem auf Reflexzonen für Brust und Lunge).
Gedanken zu Nr. 9: Menschen, die ihre eigene Herzenswahrheit entdecken und ausdrücken lernten, überraschen uns oft durch ihre positive Veränderung im Alltag. Berufliche Veränderungen, neue Interessenschwerpunkte, gesteigerte Lebensfreude, neue Beziehungen, in denen Sie sich um Ihrer selbst geliebt fühlen – in diesen Bereichen und für diese Situationen bietet Ihnen das Aura-Soma-Öl Nr. 9 seine Hilfe an.

Edelsteine und Edelsteinessenzen

Amazonit fördert das Vertrauen in den Fluss des Lebens; fördert den inneren Zugang zu Pflanzen und Steinen.
Amazonitessenz fördert Bewusstwerdung und Naturverständnis; lässt die Vielschichtigkeit der eigenen Persönlichkeit erkennen und annehmen.

Aromaöle

Zeder beruhigt, befreit von Ängsten und entkrampft; harmonisiert und wärmt; löst Schleim und ist gut für die Atemwege sowie die Bronchien. Nicht bei Schwangerschaft anwenden!

Blütenessenzen

Bach-Blüten: Chicory, Sweet Chestnut.
Kauai-Flower-Essenzen: Love Essence hilft alte Ängste zu lösen, das Herzchakra zu öffnen; unterstützt das Herzzentrum, um sich selbst und andere Menschen zu lieben.
Orchideenessenzen: Deva Orchid fördert den Kontakt zu den Naturenergien der feinstofflichen Ebene. Unser Bewusstsein öffnet sich für die Kommunikation mit Devas und Feen. Bitte nehmen Sie die Essenz Deva Orchid nur zusammen mit der Amazonitessenz ein.

Meditation
»Der Baum«

Suchen Sie sich einen ruhigen Platz im Wald. Setzen Sie sich mit dem Rücken an einen Baum, der Ihnen besonders gut gefällt. Atmen Sie tief die würzige Waldluft ein, nehmen Sie mit geschlossenen Augen die Geräusche um sich herum wahr, und lassen Sie sich in Ihrer Vorstellung so richtig in den Baum hineinsinken. Tanken Sie neue Kraft, und genießen Sie den Wald um sich herum.

Nr. 10 Geh und umarme einen Baum

GRÜN ÜBER GRÜN

»Ich verbinde mich mit dem unendlich weiten Raum in mir. In ihm finde ich Frieden und Geborgenheit.«

Eigenschaften: wirkt harmonisierend und zentrierend; öffnet für Liebe; hilft die eigene Herzenswahrheit wahrzunehmen; hilft bei Entscheidungen; heilt, regeneriert; stärkt die liebevolle Verbindung zur Natur; stärkt inneren Frieden und vermittelt ein Gefühl von innerem Raum.
Energiezentrum: Herzchakra.
Aufzutragen: rund um gesamten Brust- und Lungenbereich; auf beide Fußsohlen; auf Operationsnarben.
Gedanken zur Nr. 10: »Geh und umarme einen Baum« war ein von Vicky Wall häufig geäußerter Satz. Bäume können wie gute Freunde für uns werden. In vielen alten Kulturen wusste man um ihre besondere Kraft. Spüren Sie sich in dieses Wissen hinein.

Malachit
So machen Sie sich die Energie des Malachits zunutze: Legen Sie einen Malachit zwischen Solarplexus und Herzchakra sowie einen Bergkristall über Ihr Scheitelzentrum.

Edelsteine und Edelsteinessenzen

Malachit heilt, transformiert und stabilisiert höhere Energien auf der Erde; holt unterbewusste Strukturen »ans Licht«.
Bergkristall wirkt klärend, reinigt, entgiftet und harmonisiert; hilft Kontakt zum höheren Selbst zu stärken.
Bergkristallessenz schützt Ihr körpereigenes Energiefeld.
Malachitessenz wirkt reinigend für Körper und Seele; unterstützt Selbstverwirklichung und Lebensfreude.

Aromaöle

Rosmarin fördert die Konzentration; wirkt antiseptisch. Nicht bei Bluthochdruck und bei Schwangerschaft anwenden!

Blütenessenzen

Bach-Blüten: Cerato, Agrimony.

Kauai-Flower-Essenzen: Relationships hilft uns dabei, alte Muster von Furcht und Misstrauen loszulassen; unterstützt uns, neue Beziehungen eingehen zu können.

Healing Accelerator stellt Heilenergie zur Verfügung; verstärkt die Lebenskraft.

Orchideenessenzen: Love Orchid öffnet das Herzchakra und hilft Liebe zu geben und zu empfangen; lässt uns spüren, dass unendlich viel Liebe für uns da ist; unterstützt Heiler, die ihre Arbeit verbessern und zum direkten Kanal universeller Heil- und Liebesenergie werden wollen.

Bitte verwenden Sie die Love-Orchid-Essenz nur in Kombination mit der Bergkristallessenz oder der Rosa Turmalinessenz.

Kreativ-meditativer Vorschlag

Legen Sie sich zu Hause ein Naturmandala, mit dem Sie einige Tage meditieren können. Sie sammeln dazu Blätter, Zweige, Holzstückchen, Samen, Natursteine und legen diese Teile wie eine schöne Rosette auf ein grünes Tuch. In die Mitte stellen Sie Ihr Aura-Soma-Öl Nr. 10 und legen einen Malachit und einen Bergkristall dazu. Umrahmen Sie das Ganze mit dem Duft von Rosmarin aus Ihrer Duftlampe.

Nr. 11 Essener-Flasche I

KLAR ÜBER PINK

»Ich verbinde mich bewusst mit der bedingungslosen Liebe, die jeden Augenblick tief in mir strahlt und leuchtet.«

Eigenschaften: stärkt Selbstliebe und Selbstwertgefühl; öffnet für bedingungslose Liebe; schenkt Vertrauen und Klarheit; vermittelt Wärme, Zärtlichkeit und Wohlbefinden; stärkt unser Mitgefühl; hilft traumatische Kindheitserlebnisse zu verarbeiten; öffnet für Botschaften aus anderen Dimensionen; wirkt reinigend und entgiftend; unterstützt Ihr Hormonsystem und hilft bei allen Menstruationsbeschwerden.
Energiezentrum: Herzchakra und Basischakra.
Aufzutragen: rund um Unterbauch und Brustkorb; intuitiv am gesamten Körper.
Gedanken zu Nr. 11: Voraussetzung für eine tiefe Heilung auf allen Ebenen ist die Liebe zu uns selbst. Sie ermöglicht es uns, bedingungslose Liebe zu empfangen und zu geben. Um ein klarer und reiner Kanal für Heilenergien zu werden, ist es notwendig, Liebe im Herzchakra für alle Wesen der sichtbaren Welt und der geistigen Welten zu empfinden. Die Essener-Flasche I hilft uns dabei, die Liebesenergien anzunehmen und wirken zu lassen, bei uns selbst und bei anderen.

Für Mutter und Kind

Mit dem Öl der Essener Flasche heilen Sie Ihr »inneres Kind«. Die Flasche gehört zum Kinderset. Sie kann bis zum Ende des 9. Monats angewendet werden und darüber hinaus, sofern Ihr Kind diese Farben weiter liebt. Das Öl eignet sich auch wunderbar zur Babymassage; es verströmt einen zarten Rosenduft.

Edelsteine und Edelsteinessenzen

Rosenquarz stärkt die Selbstliebe; öffnet für alles Schöne (Kunst, Musik); heilt Emotionalkörper, hilft Emotionen loszulassen und gibt uns die Kraft zu vergeben.
Rosenquarzessenz lässt uns unsere Ängste und Sorgen vergessen, »trocknet« unsere Tränen und umgibt uns mit einem Schutzmantel.

Aromaöle

Rose, die Königin der Blumen, harmonisiert das Herzchakra; tröstet bei Verlust, Kummer und Trauer; wirkt antidepressiv und öffnet für die Liebe.

Blütenessenzen

Bach-Blüten: Star of Bethlehem ist der »Seelentröster«, löst Traumata auf.

Kauai-Flower-Essenzen: Divine Love stärkt das Vertrauen, um göttliche Liebe annehmen und ausstrahlen zu können.

Orchideenessenzen: Love Orchid öffnet das Herzchakra und hilft dabei, Liebe zu geben und zu empfangen; lässt uns spüren, dass unendlich viel Liebe für uns da ist.

Bitte verwenden Sie Love Orchid nur in Verbindung mit der Rosenquarzessenz oder der Rosa Turmalinessenz.

Meditation »Rose«

Kaufen Sie sich einen Rosenstrauß mit rosa Rosen, oder setzen sie sich in einen Rosengarten. Meditieren Sie vor den Rosen, stellen Sie sich vor, in eine riesige, duftende Rosenblüte hineinzuklettern und dort, ausgestreckt in der Mitte der Rose, den Rosenduft mit allen Sinnen aufzunehmen. Lassen Sie rosa Liebesenergie aus Ihrem Herzzentrum strömen, und umgeben Sie unseren Planeten Erde mit dieser Liebesenergie.

Nr. 12 Friede in der Neuen Zeit

KLAR ÜBER BLAU

»Ich erinnere mich an den tiefen Frieden in meinem Inneren. In diesem Frieden begegne ich meiner Umwelt.«

Eigenschaften: hilft tiefe emotionale Belastungen loszulassen; fördert friedliche und klare Kommunikation; unterstützt die sprachliche Entwicklung; schafft Vertrauen; ist schmerzlindernd, besonders im Halsbereich; gehört zum Kinderset – kann bis Ende der Stillperiode verwendet werden und darüber hinaus, sofern Ihr Kind diese Farben liebt.
Energiezentrum: Kehlkopfchakra.
Aufzutragen: rund um den Hals; auf beide Fußsohlen.
Gedanken zu Nr. 12: Geschüttelt gibt Öl Nr. 12 ein wunderschönes Hellblau – die Farbe von Schutz, Vertrauen und göttlicher Führung.
Versuchen Sie einmal am Morgen, bevor Sie aus dem Haus gehen, sich in Ihrer Vorstellung in eine klare, hellblaue Lichtkugel einzuhüllen. Diese Lichtkugel wirkt wie ein unsichtbarer Schutz und umgibt Sie tagsüber mit einer Atmosphäre von Frieden und Harmonie.

Für den Hals
Blockaden im Kehlkopfchakra lösen Sie mit der Schwingung eines blauen Turmalins, eines Aquamarins oder eines blauen Chalzedons. Legen Sie beim Meditieren einen dieser Steine auf Ihr Kehlkopfzentrum und zusätzlich einen Rosenquarz auf Ihr Herzchakra.

Edelsteine und Edelsteinessenzen

Blauer Turmalin hilft Emotionen zum Ausdruck zu bringen; wirkt entspannend und antidepressiv.
Aquamarin wirkt klärend und reinigend im Hals- und Kopfbereich; hilft Gefühle leichter auszudrücken.
Chalzedon fördert Kommunikationsfähigkeit und rhetorische Fähigkeiten; wirkt inspirierend.
Blaue Turmalinessenz unterstützt sprachlichen Ausdruck.
Aquamarinessenz löst Blockaden im Kopf- und Halsbereich; unterstützt das intuitive Sehen.

Aromaöle

Lavendel gleicht Stimmungen aus und entspannt, besonders im Kopfbereich; lässt Gedanken zur Ruhe kommen; steigert die Abwehr. Geben Sie sechs Tropfen Lavendelöl in ihre Aromalampe, wenn Sie am Abend die Gedanken des Tages nicht loswerden.

Blütenessenzen

Bach-Blüten: Wild Oat, Gorse, Chestnut Bud, Cerato.
Kauai-Flower-Essenzen: Tranquility löst Nervosität; erleichtert es, zu innerer Ruhe und innerem Frieden zu kommen.
Orchideenessenzen: Angel Orchid vermittelt Leichtigkeit, Fröhlichkeit; öffnet für die Kommunikation mit den Engelebenen. Bitte diese Essenz nur zusammen mit der Blauen Turmalinessenz einnehmen.

Meditation »Blauer Himmel«

Entspannen Sie sich, und visualisieren Sie einen klaren, tiefblauen Gebirgssee mit angenehm temperiertem Wasser. Sie baden nun in diesem Wasser, das alles, was Sie noch belastet, abwäscht. Sie befinden sich in einem tiefblauen Heilsee, über Ihnen scheint die Sonne von einem klaren, hellblauen Himmel herab. Sie bleiben solange, wie Sie möchten, in diesem See und kommen dann langsam wieder zurück ins Hier und Jetzt.

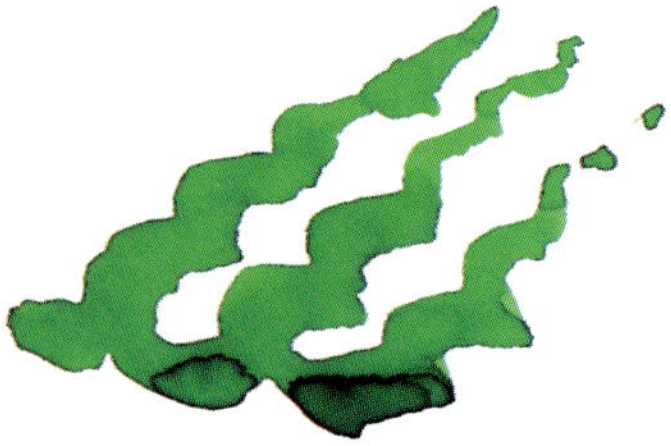

Nr. 13 Veränderung in der Neuen Zeit

KLAR ÜBER GRÜN

»Ich spüre tief in mir die Kraft der Wandlung und des Neubeginns in allen Dingen.«

Eigenschaften: unterstützt uns dabei, alte Beziehungen loszulassen; hilft bei Neubeginnphasen; lässt uns die inneren Zusammenhänge von Leben und Tod tiefer verstehen und diesbezügliche Ängste loslassen; unterstützt Emotionsausdruck; verstärkt unsere Liebe zur Natur. Gehört zum Kinderset – kann bis zum Abschluss der Trotzphase verwendet werden und darüber hinaus, sofern Ihr Kind diese Farben liebt.
Energiezentrum: Herzchakra.
Aufzutragen: rund um das Herzchakra; auf beide Fußsohlen.
Gedanken zu Nr. 13: Schauen Sie die Tarotkarte »Der Tod« an. Was bedeutet für Sie der Tod? Bedeutet Tod, den wir auf vielen Ebenen täglich erleben, nicht auch die Chance, dass Neues »geboren« werden kann? Welche Gefühle tauchen auf, wenn Sie an Ihren eigenen Tod denken? Oder verdrängen Sie die Vorstellung, einmal sterben zu müssen? Machen Sie sich bewusst, dass der Tod zum Leben dazugehört und dass der Tod nichts Endgültiges ist, sondern nur ein Übergang zu einer anderen Seinsebene.

Smaragd
Nehmen Sie die Schwingung des Smaragds am besten über Ihr Herzchakra auf. Legen Sie dazu einen Smaragd auf Ihr Herzzentrum und einen Bergkristall über Ihr Scheitelzentrum.

Edelsteine und Edelsteinessenzen

Smaragd öffnet die Herzen für die Liebe; löst alte Muster; lässt uns offen werden für neue Erfahrungen; lindert Ängste; wirkt heilend; regt Zellbildung an.
Bergkristall klärt, reinigt und entgiftet; harmonisiert.

Aromaöle

Neroli wirkt antidepressiv, stabilisierend und aufbauend; schützt und entspannt; lindert Ängste; wirkt aphrodisisch.

Blütenessenzen

Bach-Blüten: Aspen, Cherry Plum, Gentian, Gorse, Honeysuckle, Larch, Star of Bethlehem, Willow.

Kauai-Flower-Essenzen: Manifesting hilft dabei, alte Muster wie »Ich bin immer das Opfer« loszulassen und selbstverantwortlich sowie geistig klar das Leben zu gestalten.

Orchideenessenzen: Venus Orchid fördert Liebe, Sanftheit und Verständnis; stärkt weibliche Qualitäten; stimuliert die Fruchtbarkeit; vermittelt die Venusenergie.

Bitte nehmen Sie Venus Orchid nur zusammen mit der Smaragdessenz ein.

Kreativ-meditativer Vorschlag

Fertigen Sie eine Liste von allem an, was Sie gern verabschieden und loslassen möchten: Welche Dinge, Vorgänge, Gefühle, auch Menschen und/oder Beziehungen? Machen Sie dann eine Liste von allen Dingen, Ereignissen, Gefühlen, Beziehungen, die Sie sich wünschen und ersehnen. Welche »Neugeburten« erhoffen Sie für sich?

Nr. 14 Weisheit des Neuen Zeitalters

KLAR ÜBER GOLD

»Ich verbinde mich mit der inneren Weisheit, die mir in jedem Augenblick tief in mir zur Verfügung steht.«

Duft für Kinder
Besonders Kinder lieben den Duft von Mandarinenöl. Geben Sie deshalb ein paar Tropfen dieses Öls in die Aromalampe, und verzaubern Sie auf diese einfache Art und Weise das Kinderzimmer.

Eigenschaften: erleichtert klares Denken und schafft direkten Zugang zu innerer Weisheit; hilft Ängste abzubauen; zentriert und stabilisiert; regt die Lebensfreude an und stärkt die Hoffnung; hilft uns dabei, unbewusste Dinge leichter zu erkennen. Gehört zum Kinderset – kann bis zum Schulanfang verwendet werden und darüber hinaus, sofern Ihr Kind diese Farben liebt.
Energiezentrum: Solarplexus.
Aufzutragen: um den Solarplexus; auf beide Fußsohlen.
Gedanken zu Nr. 14: Vielleicht kennen Sie die typische Albtraumsituation. Sie fliehen vor etwas, vor dem Sie Angst haben, spüren das Gefühl von Panik, Verfolgtsein. Meist beenden Sie die Szene, indem Sie aufwachen. Wenn Sie es im Traum schaffen, sich umzudrehen und dem Objekt der Angst intensiv in die »Augen« zu schauen, beginnt Ihr Gegenüber zu schrumpfen.
Es geht darum, unsere Ängste, die wie eine undurchsichtige Wolke wirken, genau anzusehen und dann bewusst abzubauen. Denn Ängste zapfen erfahrungsgemäß eine Menge Energie ab, die uns dann für unser Leben nicht mehr zur Verfügung steht.

Edelsteine und Edelsteinessenzen

Zitrin wärmt und spendet Energie; stärkt die Lebensfreude; balanciert die emotionale Ebene im Solarplexus aus.
Zitrinessenz harmonisiert beide Gehirnhälften.

Aromaöle

Bergamotte wirkt antidepressiv, angstauflösend und nervenentspannend; muntert auf, verströmt »sonnige Heiterkeit«; wirkt antiseptisch; entkrampft den Magen-Darm-Trakt.
Mandarine inspiriert und entspannt innerlich.

Blütenessenzen

Bach-Blüten: Clematis, Hornbeam, Mustard, Wild Oat.
Kauai-Flower-Essenzen: Clearing Negativity hilft alte Ängste und Muster an die Erde abzugeben.
Orchideenessenzen: Sun Orchid verbindet uns mit der Sonne; hilft uns dabei, unser Ego in Harmonie zu den kosmischen Gesetzen zu bringen.
Bitte verwenden Sie die Sun-Orchid-Essenz nur zusammen mit der Zitrinessenz.

Meditation »Lichtwasserfall«

Entspannen Sie sich, schließen Sie Ihre Augen, und sehen Sie sich unter einem klaren Lichtwasserfall stehen. Klares Licht und goldenes Sonnenlicht fließen durch Ihren Körper und nehmen alles, was noch als Belastung an Ihnen haftet, hinein in die Erde. Sie genießen diesen Lichtwasserfall so lange, wie Sie möchten, und kommen dann langsam wieder – erleichtert und erfrischt – ins Hier und Jetzt zurück.

Nr. 15 Heilung im Neuen Zeitalter

KLAR ÜBER VIOLETT

»Ich erinnere mich an das geistige Licht, das mir tief innen in jedem Augenblick meinen Weg zeigt.«

Amethyst
Tragen Sie einen Amethysten als Trommelstein über längere Zeit am Körper, z.B. in der Hosentasche, oder tragen Sie eine Kette mit Amethystkugeln. Sie spüren bald die beruhigende und friedvolle Energie dieses Edelsteins.

Eigenschaften: wirkt beruhigend, klärend; schützt vor Suchtverhalten aller Art; stärkt Verständnis für Spirituelles und für die Kommunikation mit den geistigen Welten; entspannt vor allem im Kopfbereich.
Gehört zum Kinderset – vom siebten Geburtstag an bis zur Pubertät und darüber hinaus, sofern diese Farben Ihr Kind weiter ansprechen.
Erleichtert einer werdenden Mutter die Entbindung.
Energiezentrum: Kronenchakra.
Aufzutragen: auf Stirn, Schläfen, Hinterhaupt und rund um den Haaransatz; auf beide Fußsohlen.
Gedanken zu Nr. 15: Tiefe Heilung ist nur möglich, wenn wir die Verbindung zu unseren inneren Ebenen und zum höheren Selbst, zur göttlichen Quelle pflegen sowie Informationen und Erkenntnisse aus diesen Bereichen ernst nehmen. Es spielt dabei keine Rolle, welcher Religion oder Geistesrichtung Sie angehören.

Edelsteine und Edelsteinessenzen

Amethyst beruhigt, schenkt Vertrauen; fördert tiefen inneren Frieden und Ruhe; hilft beim Erkennen des großen Ganzen.
Diamant fördert Klarheit und Erkenntnis; reinigt auf allen Ebenen; schafft Verbindung zum höheren Selbst und zum Kosmos; besitzt starke Heilenergien.
Diamantessenz fördert mentale Klarheit; stellt uns die Lichtenergie des gesamten Farbspektrums zur Verfügung.

Aromaöle

Myrtenöl öffnet für Schönheit und Liebe; reinigt die Aura und unterstützt den Reinigungsprozess bei Suchtentwöhnung; wirkt schleimlösend und antiseptisch.

Blütenessenzen

Bach-Blüten: Wild Rose, Sweet Chestnut, Rescue.

Kauai-Flower-Essenzen: Healing Accelerator hilft Energieblockaden aufzulösen, stärkt und regeneriert.

Orchideenessenzen: Channeling Orchid stärkt die direkte Kommunikation mit der göttlichen Quelle und fördert den Kontakt mit der geistigen Führung; öffnet für mediale Botschaften und Impulse.
Bitte nehmen Sie Channeling Orchid nur zusammen mit der Diamantessenz ein.

Kreativ-meditativer Vorschlag

Malen Sie einen großen, weißen, sechseckigen Stern vor tiefviolettem Himmel, und meditieren Sie davor. Der sechseckige Stern ist ein uraltes Symbol für Heilung und die Vereinigung der geistigen Welt (oberes Dreieck Δ) und der Erdkräfte (unteres Dreieck ∇). Wir können den sechseckigen Stern als zwei ineinander geschobene Dreiecke sehen, wobei eines mit der Spitze nach oben, das andere mit der Spitze nach unten zeigt.

Nr. 16 Das violette Gewand

VIOLETT ÜBER VIOLETT

»Ich erinnere mich an meine Lebensaufgabe und fühle mich auf meinem Weg geschützt.«

Energie ableiten
Um alte, negative Energie abzuleiten, können Sie, während Sie meditieren, zwei schwarze Turmalinstäbe auf Ihre Füße legen.

Eigenschaften: unterstützt die tiefe Meditation; entspannt, schützt und umhüllt; hilft zu tiefer Erkenntnis, lässt die Lebensaufgabe besser erkennen; hilft alte Belastungen und alte Muster loszulassen und fördert die Transformation; unterstützt bei Trauerarbeit und im Sterbeprozess; mildert akute Zustände und wirkt sanft heilend.
Energiezentrum: Kronenchakra.
Aufzutragen: auf Stirn, Schläfen und rund um den Haaransatz; auf beide Fußsohlen.
Gedanken zu Nr. 16: Die Farbe Violett ist seit alters die Farbe der Priester und Heiler. Sie symbolisiert den Anschluss an die geistigen, göttlichen Heilkräfte. Die Farbe Violett wirkt auf uns extrem beruhigend und erleichtert den Eintritt in einen tiefen meditativen Zustand.

Edelsteine und Edelsteinessenzen

Schwarzer Turmalin schützt, entgiftet und regt das Immunsystem an; macht eigene Schattenseiten bewusster, so dass sie besser angenommen werden können; erdet die spirituelle Erfahrung.
Der schwarze Turmalin hilft Ihnen, wenn Sie das Gefühl haben, den Boden unter den Füßen zu verlieren, sich wieder zu erden und in Ihre Mitte zu kommen.
Schwarze Turmalinessenz löst negative Schwingungen auf und schützt vor Erdstrahlen.
Saphiressenz wirkt antidepressiv; fördert die Kommunikation mit unserer geistigen Führung; verfeinert und verstärkt die sprituelle Wahrnehmung.

Aromaöle

Schafgarbe wirkt ausgleichend, ist eine gute Unterstützung in Zeiten des Wandels; fördert intuitive Kräfte und vertieft gleichzeitig das Gefühl für die Energien der Erde.

Blütenessenzen

Bach-Blüten: Wild Rose, Olive, Rescue.

Kauai-Flower-Essenzen: Spirit Connection stärkt das Wissen, nicht alleine zu sein, liebevoll beschützt und geführt zu werden.

Orchideenessenzen: Angel of Protection Orchid schützt intensiv und verbindet mit göttlicher Führung; verstärkt das Urvertrauen.

Bitte nehmen Sie die Essenz Angel of Protection Orchid nur zusammen mit der Schwarzen Turmalinessenz ein.

Meditation »Violette Heilungshöhle«

Entspannen Sie sich, gehen Sie in Gedanken einen violett erleuchteten Gang entlang, der in einer. leuchtenden Amethysthöhle mündet. Dort finden Sie in der Mitte ein Lager mit weichen Decken. Sie legen sich bequem hin und lassen das violette Amethystlicht durch Ihren gesamten Körper strömen. Sie genießen das reinigende, transformierende Licht. Bleiben Sie so lange, wie Sie möchten, in dieser Höhle, und gehen Sie dann wieder langsam zurück ins Hier und Jetzt.

Nr. 17 Troubadourflasche I

GRÜN ÜBER VIOLETT

»Ich drücke meine Herzenswahrheit mit Leichtigkeit und Freude aus.«

Grün und Violett
Grün gilt als Farbe der Natur, Violett als Farbe des spirituellen Wissens. Grün und Violett kombiniert geben tiefes Wissen über die inneren Gesetze der Natur.

Eigenschaften: unterstützt Hoffnung und Glauben; erweitert die geistige Sicht, stärkt die Sensitivität in der Wahrnehmung und hilft bei der inneren Wahrheitssuche; unterstützt die innere Klarheit; stärkt das Vertrauen und baut Zweifel ab; macht Mut, über spirituelle Erfahrungen zu sprechen, ohne Angst zu haben, angegriffen zu werden.
Energiezentrum: Herzchakra, Kronenchakra und Kehlkopfchakra.
Aufzutragen: rund ums Herzzentrum und rund um den Hals; am Haaransatz; auf beide Fußsohlen.
Gedanken zu Nr. 17: Zwischen dem 12. und 16. Jahrhundert reisten Troubadoure von Hof zu Hof und führten Gesänge, Tänze und Theaterstücke auf. In ihren Texten verbarg sich zwischen den Zeilen oft altes spirituelles Wissen. Erinnern Sie sich beispielsweise an die Mysterientraditionen der Katharer und der Tempelritter. Viele dieser Troubadoure wurden deswegen verfolgt. Freuen Sie sich darüber, dass wir heute in einer Zeit leben, in der wir offen und gefahrlos über unsere spirituellen Einsichten sprechen können. Dies sollte uns aber nicht dazu verleiten, mit unseren Erfahrungen »hausieren« zu gehen.

Edelsteine und Edelsteinessenzen
Smaragd hilft alte Muster aufzulösen; fördert das liebevolle Gefühl der Verbundenheit mit allen Wesen; wirkt erfrischend und regenerierend; löst Ängste auf.
Smaragdessenz fördert die Selbstheilungskräfte; entwickelt Liebe und Weisheit.

Aromaöle

Zeder beruhigt, löst Ängste auf und spendet Wärme; vertreibt negative Gedanken und Albträume; wirkt entkrampfend, schleimlösend und harmonisiert die Atemwege; nicht während der Schwangerschaft anwenden!

Blütenessenzen

Bach-Blüten: Walnut, Wild Oat.
Kauai-Flower-Essenzen: Relationships hilft Muster von Furcht und Misstrauen loszulassen, die in früheren Beziehungen entstanden waren; hilft dabei, sich für neue Beziehungen zu öffnen.
Orchideenessenzen: Venus Orchid öffnet für die Liebe, fördert Sanftheit, Verständnis und Mitgefühl. Bitte nehmen Sie Venus Orchid nur zusammen mit der Smaragdessenz ein.

Kreativ-meditativer Vorschlag

Beobachten Sie sich selbst. Stellen Sie sich folgende Fragen: Welchen Menschen gegenüber kann ich so sein, wie ich bin, das sagen, was ich fühle?
Und zwar ohne Angst, danach nicht mehr geliebt oder vielleicht sogar angegriffen zu werden.
Fertigen Sie eine »Freundesliste« an. Welche Menschen sind mir wirklich nah? Was bedeutet mir Freundschaft?

Nr. 18 Ägyptische Flasche I

GELB ÜBER VIOLETT

»Ich erinnere mich an die heilenden Energien, die tief in mir jederzeit für meine Heilung zur Verfügung stehen.«

Eigenschaften: stärkt Zusammenspiel von Intuition und Intellekt; hilft Ängste aufzulösen und Angstmuster in größerem Zusammenhang zu sehen; unterstützt das Lehren und Weitergeben spirituellen Wissens und spiritueller Inhalte; stärkt die die Lebensfreude.
Energiezentrum: Solarplexus, Kronenchakra.
Aufzutragen: um den Solarplexus; am Haaransatz.
Gedanken zu Nr. 18: Wenn Sie sich mit dem Thema »Opferrolle« beschäftigen, werden Sie bemerken, dass zu diesem »Spiel« immer zwei gehören. Menschen, die immer wieder darüber klagen, Opfer zu sein, haben oft im Unterbewusstsein ein bestimmtes Muster verankert, das sie denken lässt: Ich bin nicht liebenswert. Ich verdiene keine Anerkennung, keine Liebe usw. Wichtig ist hier, diese inneren Muster, die oft aus der Kindheit stammen, zu verändern. Dadurch verändert sich die Ausstrahlung, der »Täter« spürt diese Veränderung und verliert dann die Lust am »Opferspiel« mit diesem Menschen. Oder der früher Betroffene löst sich von selbst aus der Beziehung und beendet seinerseits das »Spiel«.

Saphir
Legen Sie während Ihrer Meditation einen Saphir auf Ihr Stirnchakra (oder kleben Sie ihn fest), und Sie können inniger und intensiver mit Ihrer geistigen Führung Kontakt aufnehmen. Sie erkennen größere Zusammenhänge und erhalten Zugang zu Ihrer innewohnenden Weisheit.

Edelsteine und Edelsteinessenzen

Saphir bündelt geistige Kräfte auf ein Ziel hin; fördert die Wissensaufnahme in Kombination mit der Weisheit.
Saphiressenz wirkt antidepressiv; fördert die Kommunikation mit unserer geistigen Führung.
Bergkristallessenz verbindet mit dem höheren Selbst; schützt die Aura.

Aromaöle

Rosmarin stärkt die Nerven; reinigt; fördert klares Denken und ein klares Bewusstsein; ist konzentrationsfördernd und herzstärkend; wirkt antiseptisch. Verwenden Sie Rosmarinöl nicht in der Schwangerschaft, bei Neigung zu Epilepsie und bei Bluthochdruck!

Blütenessenzen

Bach-Blüten: Rescue, Willow.

Kauai-Flower-Essenzen: Meditation hilft dabei, die gedankliche Verwirrung loszulassen und sich für beruhigende, inspirierende sowie friedvolle Energien zu öffnen.

Orchideenessenzen: Higher Self Orchid stärkt die Verbindung mit dem höheren Selbst. Bitte nur zusammen mit Bergkristall- oder Saphiressenz einnehmen.

Meditation »Goldgelbe Pyramide«

Visualisieren Sie sich eine Pyramide aus goldgelbem Licht, dreimal so hoch wie Sie selbst. In der Mitte dieser Pyramide stehend, verbinden Sie Ihr Kronenchakra mit der Pyramidenspitze. Bleiben Sie mit den Füßen fest auf dem Boden stehen, und atmen Sie das goldgelbe Licht in jede Körperzelle ein. Nach einer Zeit verlassen Sie die Pyramide. Lösen Sie die Pyramide in Ihrer Vorstellung wieder komplett auf, und kommen Sie zurück ins Hier und Jetzt.

Nr. 19 In der materiellen Welt leben

ROT ÜBER VIOLETT

»Ich erinnere mich an die unerschöpfliche Energiequelle, die mir in meiner Mitte zur Verfügung steht.«

Stark anregend
Verwenden Sie das Öl Nr. 19 im Kopfbereich nicht zu spät am Tag. Da das Öl stark energiespendend und anregend ist, müssen Sie, wenn Sie es trotzdem verwenden, mit Schlafstörungen rechnen.

Eigenschaften: wirkt Energie spendend und Kundalini anregend; fördert den erfolgreichen Umgang mit Materie, in Einklang mit der Spiritualität; bringt gestaute Emotionen zum Fließen; unterstützt das Selbstwertgefühl, die Liebe zum eigenen Körper und zur eigenen Sexualität; hilft Liebe leichter anzunehmen und direkter auszustrahlen.
Energiezentrum: Kronenchakra.
Aufzutragen: rund um Unterbauch; um Haaransatz.
Gedanken zu Nr. 19: Gehören Sie auch zu den Menschen, denen das Leben auf der Erde zu hart ist, die eigentlich auf einer anderen Ebene leben möchten, für die Geld schlecht und Sexualität schmutzig ist? Und beklagen Sie manchmal, dass es Zufall ist, dass Sie hier in dieser Dimension von Materie und Polarität gelandet sind? Genau hier, an diesem Ort, haben Sie die Möglichkeit, interessante Erfahrungen zu machen. Wichtig ist nur, durch diese Erfahrungen zu gehen und sie zu integrieren.

Edelsteine und Edelsteinessenzen

Rubin stärkt körperliche und geistige Liebe; regt die Leidenschaft an; macht wach im Denken und Handeln.
Granat schenkt Mut, Hoffnung, Zuversicht; fördert Selbstvertrauen, Lebensfreude; harmonisiert die Sexualität.
Rubinessenz gibt Vitalität; stärkt die Fortpflanzungsorgane.
Elestial-Kristallessenz fördert Umwandlungsprozesse; löst Blockaden; hilft alte Muster und Gefühle loszulassen.

Aromaöle

Sandelholz wärmt und beruhigt; gleicht aus und harmonisiert; wirkt aphrodisisch.

Blütenessenzen

Bach-Blüten: Willow, Gorse.

Kauai-Flower-Essenzen: Sexuality Booster hilft alte begrenzende Muster in Bezug auf Sexualität loszulassen und die Freude der Sexualität neu zu erleben.

Orchideenessenzen: Aggression Orchid löst Blockaden im Basischakra; setzt dabei oft Aggressionen und unterdrückte Sexualität frei; hilft gewaltsam aufbrechende Gefühle neu zu integrieren. Die Aggression Orchid ist eine extrem energiereiche Blüte, deshalb bitte vorher sorgfältig austesten und nur zusammen mit Elestial-Kristallessenz einnehmen.

Kreativ-meditativer Vorschlag

Fertigen Sie eine Liste all Ihrer Wünsche, oder malen Sie Ihre Wünsche bildhaft. Welche materiellen Wünsche habe ich, wie kann ich sie erfüllen? Welche sexuellen Wünsche habe ich? Wie kann ich meine Wünsche meinem Partner gegenüber äußern? Welche spirituellen Ziele, Visionen habe ich? Was kann ich dafür tun, diesen Zielen näher zu kommen? Wie kann ich spirituelles Wissen im Alltag, im Beruf leben?

Nr. 20 Sternenkind

BLAU ÜBER PINK

»Ich erinnere mich meiner kindlichen Qualitäten von Offenheit, Verzeihenkönnen, Spontanität und lasse sie zu.«

Erste Hilfe für Kinder
Um den Geburtsschock zu mildern, tragen Sie Ihrem Baby direkt nach der Geburt das Öl der Sternenflasche auf. Das Öl eignet sich auch sehr gut zur Babymassage und zur Bauchmassage bei Babys mit Blähungen. Bei kleineren Verletzungen können Sie das Öl auch direkt auf die Haut auftragen.

Eigenschaften: wirkt schützend und entspannend; gibt inneren Frieden; ist ideal für Heilungsprozesse des »inneren Kindes« in uns; gleicht männliche und weibliche Anteile in uns aus; hilft Muster von Selbstverurteilung loszulassen; öffnet für bedingungslose Liebe und stärkt die Selbstliebe; wirkt harmonisierend in der Schwangerschaft. Gehört zum Kinderset – von der Geburt an bis zur Pubertät und darüber hinaus, sofern Ihr Kind diese Farben weiter wünscht.
Energiezentrum: alle Chakren.
Aufzutragen: überall am Körper, wo für Sie oder Ihr Kind ein Bedürfnis nach dieser Farbe besteht.
Gedanken zu Nr. 20: Die Nr. 20 ist mit der Nr. 1 (Blau über Tiefmagenta) verwandt, denn Pink ist ein Teil von Tiefmagenta. Sie können jederzeit Öl Nr. 20 als Stirn- bzw. Kronenchakraflasche einsetzen, wenn Ihnen die Farben von Öl Nr. 20 besser gefallen als die Farben von Öl Nr. 1.

Edelsteine und Edelsteinessenzen

Rosenquarz stärkt die Selbstliebe; öffnet für alles Schöne (Kunst, Musik, Malerei); heilt Emotionalkörper; hilft alte Emotionen loszulassen und gibt uns die Kraft, zu vergessen und zu vergeben.
Rosenquarzessenz vertreibt die Sorgen und den Kummer und »trocknet« die Tränen.
Rosa Turmalinessenz hilft alte emotionale Herzenswunden zu heilen; öffnet für Fröhlichkeit, Leichtigkeit.

Aromaöle

Rose, die Königin der Blumen, harmonisiert das Herzzentrum; tröstet bei Verlust, Kummer und Trauer; wirkt antidepressiv und öffnet für die Liebe.

Blütenessenzen

Bach-Blüten: Olive.

Kauai-Flower-Essenzen: Love Essence hilft alte Ängste aufzulösen, das Herzzentrum zu öffnen; öffnet für die Liebe.

Orchideenessenzen: Love Orchid hilft uns dabei, zum Kanal für die reine Liebesenergie zu werden; unterstützt als Heiler tätige Menschen, die zum direkten Kanal kosmischer Heil- und Liebesenergien werden wollen.

Bitte nehmen Sie Love Orchid nur zusammen mit Rosenquarzessenz oder Rosa Turmalinessenz ein.

Meditation
»Das Innere Kind«

Entspannen Sie sich. Gehen Sie in Ihrer Vorstellung einen sommerlichen Feldweg entlang. In der Ferne sehen Sie ein Haus, in dem sich Ihr »inneres Kind« befindet. Sie suchen es, nehmen es in die Arme und geben ihm all die Liebe und Wärme, die es braucht. Sie fragen es nach seinen Wünschen und spielen mit ihm. Sie versprechen, es bald wieder zu besuchen, und verlassen das Haus. Langsam kommen Sie wieder zurück ins Hier und Jetzt.

Nr. 21 Neubeginn für Liebe

GRÜN ÜBER PINK

»Ich erkenne die Liebe in allen Dingen, die mich umgeben.«

Eigenschaften: stärkt das Vertrauen; hilft Beziehungssituationen zu verändern; hilft zu vergeben, sich selbst und anderen; gibt das Gefühl von innerem Raum, in dem Liebe wachsen kann; entspannt den Herz und Lungenbereich; lässt tiefer durchatmen; unterstützt uns dabei, die Liebe auf vielen Ebenen zu verstehen; hilft Liebe zu geben und zu nehmen.
Energiezentrum: Herzchakra.
Aufzutragen: um das Herzzentrum, auf Fußsohlen.
Gedanken zu Nr. 21: Voraussetzung dafür, Liebe zu bekommen, neuer Liebe zu begegnen, ist die Selbstliebe, d.h. der liebevolle Umgang mit sich selbst. Weitere Voraussetzung ist, Liebe ausströmen zu lassen, ohne zu fragen: »Was bekomme ich dafür?« Oder »Was, wenn ich jetzt verletzt werde?« Dann verändert sich »die Welt«. Es kommen andere Menschen mit liebevoller Energie auf Sie zu. Sie freuen sich daran, können die Liebe annehmen. Sätze wie »Ach, das ist doch nicht nötig!« oder »Das kann ich doch gar nicht annehmen!« ändern Sie in »Vielen Dank, ich freue mich von Herzen darüber!«.

Farben für das Herz
Die Farben des Wassermelonenturmalins (grüner Rand und rosa Kern) werden dem Herzzentrum zugeordnet. Dort setzt auch die Wirkung dieses Edelsteins an. Legen Sie deshalb einen Wassermelonenturmalin auf Ihr Herzzentrum, oder tragen Sie eine Kette über dem Herzchakra.

Edelsteine und Edelsteinessenzen

Wassermelonenturmalin hilft dem Herzzentrum alte Wunden zu heilen, alte Blockaden zu lösen; unterstützt die Herzöffnung; hilft die Herzenswahrheit klarer auszudrücken; begünstigt die Zellerneuerung.
Wassermelonenturmalin-Essenz hilft bei Zellwachstumsstörungen und Hormonproblemen.

Aromaöle

Rosengeranie wirkt beruhigend und harmonisierend; gleicht hormonelle Störungen aus; wirkt aphrodisisch.
Ylang-Ylang ist weich und süß; entkrampft und entspannt; ist ein erotischer Duft.

Blütenessenzen

Bach-Blüten: Rescue, Cherry Plum, Willow, Olive.
Kauai-Flower-Essenzen: Relationships hilft Muster von Furcht und Misstrauen loszulassen, um neue Beziehungen eingehen zu können.
Orchideenessenzen: Coordination Orchid regt die Selbstheilungskräfte im Körper an; unterstützt die Koordination der Körperstrukturen; öffnet das Herz für heilende Kräfte. Bitte nur zusammen mit Wassermelonenturmalin-Essenz einnehmen.

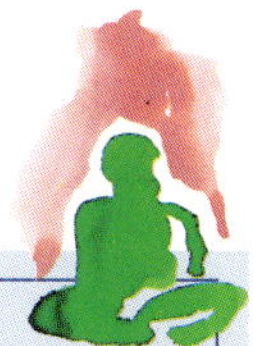

Kreativ-meditativer Vorschlag

Basteln Sie eine »Liebescollage«: Welche Menschen, welche Tiere, Pflanzen, Dinge liebe ich? Welche Tätigkeiten liebe ich? Was liebt mein Körper? Sammeln Sie Fotos, Zeitschriftenbilder, malen Sie, was Sie lieben, sammeln Sie Text- oder Gedichtausschnitte. Bauen Sie sich mit diesen Materialien Ihre »Liebescollage«. Meditieren Sie davor, und spüren Sie dabei Ihr Herzzentrum.

Nr. 22 Flasche der Rebirther

GELB ÜBER PINK

»Ich verbinde mich mit der tiefen, inneren Freiheit, die in jedem Augenblick meinen Wesenskern erfüllt.«

Leichter mit Zitrone
Wenn Ihnen das Aromaöl Ylang-Ylang zu »schwer« riecht, mischen Sie es einfach mit Zitrone; der Duft wirkt dann leichter und ist angenehmer.

Eigenschaften: hilft tiefe Veränderungen ins Leben zu bringen; unterstützt die »innere Wiedergeburt«; hilft dabei, uns selbst zu vergeben und uns nicht mehr zu verurteilen; löst alte Ängste auf; hilft dabei, uns mit kindlicher Freude und Leichtigkeit neuen Erfahrungen zu öffnen; unterstützt die Verdauung auf allen Ebenen; harmonisiert das Hormonsystem und wirkt hautpflegend.
Energiezentrum: Solarplexus.
Aufzutragen: rund um den Solarplexus; auf beide Fußsohlen.
Gedanken zu Nr. 22: Die Farben dieses Öls symbolisieren den Frühling. Das satte Gelb erinnert an Osterglocken, an Narzissen und gelbe Krokusse; das klare Pink an duftende Rosen und Hyazinthen. Laden Sie die Energien des Frühlings, der Jahreszeit des Reifens und Wachsens, des Erwachens und des Neubeginns zu sich nach Hause und in Ihr Leben ein.

Edelsteine und Edelsteinessenzen

Zitrin wärmt und spendet Energie; balanciert die emotionale Ebene im Solarplexus aus; stärkt die Lebensfreude und das Selbstvertrauen; gibt Mut für den Neubeginn; unterstützt das Verdauungssystem und die Nerven. Den Zitrin auf den Bauchnabel legen, ggf. festkleben.

Zitrinessenz weckt Gefühle der Zärtlichkeit und des Vertrauens in uns; balanciert beide Gehirnhälften aus; ist hilfreich bei allen Problemen der Verdauung (körperlich, seelisch und geistig).

Aromaöle

Zitrone wirkt stimmungsaufhellend und geistig anregend; fördert unsere Konzentration und unser Gedächtnis.

Ylang-Ylang ist ein weicher, süßer und erotischer Duft; das Öl entkrampft und euphorisiert.

Blütenessenzen

Bach-Blüten: Walnut.

Kauai-Flower-Essenzen: Playfullness hilft dabei, schwere existenzielle Probleme loszulassen; lädt uns ein, unsere Erfahrungen spielerisch zu machen.

Orchideenessenzen: Chocolate Orchid öffnet für Freude und Genuss im Hier und Jetzt; hilft uns dabei, deutlicher zu spüren, was gut für uns ist und was nicht. Bitte diese Essenz nur zusammen mit Zitrinessenz einnehmen.

Kreativ-meditativer Vorschlag

Nehmen Sie die Aura-Soma-Flasche Gelb über Pink in die Hand, und halten Sie das Öl dicht vor die Augen. Tauchen Sie mit Ihrem Blick tief in die gelbe und rosa Farbe ein. Machen Sie es sich bequem, und legen Sie die Flasche auf Ihr Stirnchakra. Schließen Sie die Augen, und spüren Sie die leichte, liebevolle, freie Energie. Atmen Sie diese Energie in alle Zellen Ihres Körpers ein. Frisch und erholt kommen Sie zurück ins Hier und Jetzt.

Nr. 23 Liebe und Licht

ROSENPINK ÜBER PINK

»Ich verbinde mich bewusst mit der tiefen Liebe, die jeden Augenblick aus meinem Wesenskern strahlt und leuchtet.«

Eigenschaften: unterstützt die Liebe zu uns selbst; hilft Schuldgefühle und Autoaggressionsmuster loszulassen; lässt uns Liebe tief verstehen; wärmt und schützt; harmonisiert unsere Hormondrüsen.
Energiezentrum: Herz- und Basischakra.
Aufzutragen: rund ums Herzzentrum; rund um den gesamten Unterleib.
Gedanken zu Nr. 23: Wenn Sie möchten, entwickeln Sie für sich eine Art »Selbstliebeprogramm« für zu Hause. Sie können sich z. B. einen schönen Rosenstrauß kaufen, legen einen Rosenquarz daneben und stellen eine rosafarbene Kerze dazu. Verwöhnen Sie sich selbst: mit Rosenduft, trinken Sie Rosenblütentee, oder genießen Sie seidige Unterwäsche auf Ihrer Haut. Ihrer Phantasie sind keine Grenzen gesetzt.

Kostbarkeit
Echtes Rosenöl ist sehr teuer: Für einen Liter Rosenöl werden 5000 Kilogramm frische Rosenblätter verarbeitet. Gehen Sie deshalb sehr sparsam mit dieser kostbaren Essenz um. Ein bis zwei Tropfen genügen für die Duftlampe – oder riechen Sie einfach an Ihrem Fläschchen.

Edelsteine und Edelsteinessenzen

Rosenquarz stärkt die Selbstliebe; öffnet für alles Schöne; heilt den Emotionalkörper; hilft alte Emotionen loszulassen und gibt uns die Kraft zu vergeben.
Rosa Turmalin hilft alte emotionale Herzenswunden zu heilen; öffnet für die Schwingungen der Fröhlichkeit, Leichtigkeit und des Selbstvertrauens.
Rosenquarzessenz öffnet das Herzchakra und lässt uns Nächstenliebe empfinden; hilft uns Ängste loszulassen und Sorgen zu vergessen; bietet uns Schutz vor Strahlen.
Rosa Turmalinessenz ist hilfreich bei allen Herzbeschwerden und Depressionen.

Aromaöle
Rose, die Königin der Blumen, harmonisiert das Herzzentrum; tröstet bei Verlust, Kummer und Trauer; öffnet für die Liebe; wirkt antidepressiv.

Blütenessenzen
Bach-Blüten: Wild Oat, Holly.
Kauai-Flower-Essenzen: Divine Love stärkt unser Vertrauen in die göttliche Liebe; lässt uns göttliche Liebe annehmen und ausstrahlen.
Orchideenessenzen: Heart Orchid unterstützt unsere Fähigkeit, mit dem Herzen zu »sehen«; öffnet unser Herzzentrum für die unendliche Liebe. Bitte nehmen Sie Heart Orchid nur zusammen mit Rosenquarzessenz oder der Rosa Turmalinessenz ein.

Meditation »Rose«
Betrachten Sie eine rosa Rose genau, riechen Sie ihren Duft. Stellen Sie eine Aromalampe mit Rosenöl auf, oder riechen Sie einfach am Öl. Entspannen Sie sich, und lassen Sie die Rosenblüte in Ihrer Vorstellung riesengroß werden. Sie gehen nun in diese Blüte hinein. Die Rosenblätter fühlen sich samtweich an und duften wunderbar. In der Mitte der Rose genießen Sie die heilsame, entspannende Rosenatmosphäre. Hüllen Sie Ihren gesamten Körper mit dem warmen, schützenden Rosenduft ein. Öffnen Sie die Augen, und blicken Sie noch einmal auf die Rose.

Nr. 24 Neue Botschaft

VIOLETT ÜBER TÜRKIS

»Ich erinnere mich daran, dass ich im Strom des Lebens mühelos mitschwimmen kann.«

Inspirierend
Die Essenz der Inspiration Orchid vermittelt die inspirative Energie, die für das künstlerische Schaffen im Neuen Zeitalter benötigt wird.

Eigenschaften: fördert kreativen und sprachlichen Ausdruck; wirkt heilend und harmonisierend auf der Beziehungsebene; hilft Kindheitsprobleme zu lösen; unterstützt die Inspiration; fördert einen großen Blickwinkel über das eigene Umfeld hinaus.
Energiezentrum: Herzchakra, Kehlkopfchakra, Kronenchakra.
Aufzutragen: rund um den Brustkorb und rund um den Hals; auf beide Fußsohlen.
Gedanken zu Nr. 24: Immer wieder können wir feststellen, wie wichtig für uns der kreative Ausdruck ist. Leider wird unsere Kreativität oft schon in der Kindheit eingeschränkt oder durch Leistungsdruck gebremst.
Menschen sagen dann: »Ich kann nicht malen.« Oder: »Ich bin vollkommen unmusikalisch.« Versuchen Sie, diese Leistungskategorien zu vergessen, und finden Sie Ihren persönlichen kreativen Ausdruck.
Dieser kreative Ausdruck ist eine wertvolle Möglichkeit, Herzensgefühle auszudrücken.

Edelsteine und Edelsteinessenzen

Mondstein fördert Selbstausdruck und Kreativität; lässt eigene Gefühle besser erkennen und annehmen; hilft bewusster zu träumen; fördert Intuition. Ein Mondstein, auf dem Herzzentrum getragen, unterstützt den kreativen Herzensausdruck. **Mondsteinessenz** fördert die Inspiration und stärkt das Verständnis; unterstützt die Arbeit des Lymphsystems und entgiftet den Körper.

Aromaöle

Ylang-Ylang ist weich, süß und erotisch; wirkt entkrampfend und euphorisierend.

Blütenessenzen

Bach-Blüten: Larch, Mimulus, Hornbeam.
Kauai-Flower-Essenzen: Spirit Connection unterstützt das Loslassen des alten Musters »Ich bin einsam«; lässt uns die Verbundenheit mit unseren Mitmenschen neu entdecken; öffnet für die liebende Gegenwart geistiger Führung.
Orchideenessenzen: Inspiration Orchid wandelt aggressive Gedanken und Schwingungen in inspirierende Energien um; reinigt die höheren Chakren und stimuliert das Dritte Auge. Bitte nehmen Sie die Orchideenessenz Inspiration Orchid nur zusammen mit Mondsteinessenz ein.

Kreativ-meditativer Vorschlag

Spielen Sie Ihre Lieblingsmusik, und versuchen Sie einfach mal, diese Klänge in Farben umzusetzen. Greifen Sie zu jenen Farben, die Ihnen instinktiv, ohne nachzudenken, in den Sinn kommen. Fließen Sie mit der Energie von Tönen und Farben, und hüllen Sie Ihren Raum ein in den warmen Duft von Ylang-Ylang. Genießen Sie die erotische Atmosphäre. Gestalten Sie aus Ihren Bildern, aus Blumen, Tüchern, Kristallen und dem Öl Violett über Türkis einen Meditationstisch.

Nr. 25 Rekonvaleszenzflasche

ROTVIOLETT ÜBER MAGENTA

»Ich segne und ermächtige meinen ›inneren Heiler‹, meine Heilung auf allen Ebenen sanft und leicht voranzubringen.«

Eigenschaften: unterstützt nach Krankheiten Genesung auf allen Ebenen; wirkt kräftigend, nährend und regenerierend; gibt Mut; unterstützt die Nerven; hilft Enttäuschungen zu verarbeiten und loszulassen; öffnet für spirituelles Bewusstsein.
Energiezentrum: Kronenchakra.
Aufzutragen: am Kopf und am Haaransatz; auf beide Fußsohlen.
Gedanken zu Nr. 25: Heilung durch die Energie von Liebe – alles, was wir in uns an Groll, Ärger, Hass und Enttäuschung speichern, wirkt unserer Gesundheit entgegen. Deshalb geht es in Heilungsprozessen für den Einzelnen sehr oft darum, diese alten Verbindungen zu Menschen, diese Muster aufzulösen und sich zu erlösen: durch bewusstes Aussprechen der gestauten Gefühle, durch Loslassen und Transformation, schließlich durch Liebe sich selbst und den anderen gegenüber. Dann kann neue Heilenergie einfließen.

Amethyste
Amethyste werden manchmal erhitzt. Unter der Hitzeeinwirkung verändern sie ihre Farbe: Sie können gelb (Zitrin), grün (Prasiolith) oder farblos werden.

Edelsteine und Edelsteinessenzen

Amethyst wirkt beruhigend; fördert Vertrauen; gibt inneren Frieden und Ruhe; hilft beim Erkennen des großen Ganzen.
Ametrin ist halb Zitrin, halb Amethyst, gleicht aber die »zwei Seelen in unserer Brust« aus und harmonisiert unsere Wünsche und Bedürfnisse.
Amethystessenz fördert die spirituelle Entwicklung; unterstützt die Intuition und die Meditation; beruhigt die Nerven und ist deshalb ein ausgezeichnetes Schlafmittel.

Aromaöle

Lavendelöl wirkt stimmungsausgleichend und entspannend, besonders im Kopfbereich; steigert die Immunabwehr und hilft bei Menstruationsbeschwerden.

Blütenessenzen

Bach-Blüten: Olive, Star of Bethlehem, Rescue.
Kauai-Flower-Essenzen: Regeneration hilft dabei, uns für regenerierende und stärkende Energien zu öffnen.
Orchideenessenzen: Psycho Orchid hilft uns dabei, tief in unser Inneres vorzudringen, uns zu erkennen, unsere Aufgabe zu erkennen und uns geschützt zu fühlen; eignet sich gut für jede Art von Psychotherapie.
Die Essenz Psycho Orchid bitte nur zusammen mit Amethystessenz einnehmen.

Übung »Wutentladung«

Spüren Sie tief in Ihren Körper hinein. Stellen Sie sich vor, Ihr Körper wäre durchsichtig. Sie suchen nun im Körper die Stellen, wo sich Emotionen wie Wut, Ärger, Enttäuschung zeigen. Oftmals zeigen sich diese Gefühle wie kleine spitze, schwarze oder giftfarbene Strukturen. Beginnen Sie, diese Teilchen in einem Kanal in der Mitte des Körpers zu sammeln und dann mit ganzer Kraft mit der Ausatmung durch den Nabel auszustoßen. Fahren Sie damit so lange fort, bis Sie das Gefühl haben, alle Teilchen seien draußen. Atmen Sie nun weißes Licht in die frei gewordenen Stellen ein.

Nr. 26 Schockflasche/ Ätherische erste Hilfe

ORANGE ÜBER ORANGE

»Ich erinnere mich daran, dass ich im tiefsten Inneren unverletzbar bin und nie tiefer fallen kann als in Gottes Hand«.

Eigenschaften: ist hilfreich bei allen Arten von Schock, und zwar auf jeder Ebene (körperliche Schocks nach Unfällen, emotionale Schocks – z. B. bei Trennung, sexuellem Missbrauch), löst alte Schocks auf; wirkt angstauflösend, wärmend und entspannend, vor allem im ZWEITEN Zentrum; hilft das Energiefeld wieder ins Gleichgewicht zu bringen; unterstützt die Schilddrüse; ist hilfreich nach Operationen und während des Geburtsvorgangs (rund um Bauch und Beine einmassieren).
Energiezentrum: Sakralchakra (Chakraflasche für das Sakralzentrum).
Aufzutragen: rund um unteren Bauch; auf beide Fußsohlen; rund um den Hals; im Bereich der Schilddrüse.
Gedanken zu Nr. 26: Diese Flasche ist außerordentlich wirkungsvoll, Erfolge treten oft sofort ein. Sie ist äußerst beliebt, auch als Erstöl, bevor dann später, wenn der Mensch wieder zentriert ist, mit den einzelnen, individuellen Farbkombinationen gearbeitet werden kann.

Das Auftragen
Das Öl Nr. 26 wird auf eine spezielle Art aufgetragen: auf das linke Ohrläppchen, die linke Halsseite hinab, den Arm hinab bis zur Spitze des kleinen Fingers, die gesamte linke Körperseite hinab bis zum linken Knöchel, an der Fußaußenseite entlang bis zur Spitze des kleinen Zehs.

Edelsteine und Edelsteinessenzen

Karneol gibt Standfestigkeit und Mut, bringt Realitätssinn.
Schwarzer Turmalin wirkt entgiftend; regt das Immunsystem an; baut negative Schwingungen ab; hilft die eigenen Schattenseiten anzunehmen.
Karneolessenz wirkt stoffwechselanregend.
Schwarze Turmalinessenz hilft bei allen Strahlenschäden.

Aromaöle

Bergamotte wirkt angstauflösend, antidepressiv und entspannt die Nerven; ist stimmungsaufhellend.

Neroli ist natürlich beruhigend bei Schock, Angst und depressiven Stimmungen; wirkt stabilisierend, aufbauend und schützend; ist aphrodisisch.

Blütenessenzen

Bach-Blüten: Rescue, Star of Bethlehem.

Kauai-Flower-Essenzen: Shock and Trauma unterstützt das Loslassen von Schockerlebnissen und Traumata; öffnet uns für die Heilung.

Orchideenessenzen: Angel of Protection Orchid bildet ein Schutzschild und stärkt das Vertrauen. Bitte nur zusammen mit Schwarzer Turmalinessenz einnehmen.

Meditation »Orange Lichtkugel«

Hüllen Sie sich in das Orange von Öl Nr. 26, und lassen Sie den entspannenden Duft von Bergamotte durch Ihren Raum ziehen. Bilden Sie nun in Ihrer Vorstellung eine orangene Lichtkugel um Ihren Körper herum. Sie umhüllt Sie von allen Seiten. Innen ist die Luft angenehm frisch und klar. Sie spüren diesen Lichtschutzmantel von allen Seiten und genießen ihn so lange, wie Sie möchten. Erneuern Sie die Sie umgebende Lichtschutzkugel mehrmals am Tag.

Nr. 27 Robin-Hood-Flasche

ROT ÜBER GRÜN

»Ich verbinde mich mit der inneren Klarheit und Weisheit, die tief in mir in jedem Augenblick strahlt und leuchtet.«

Bojisteine
Bojisteine bestehen aus Pyrit. Es gibt so genannte männliche Bojikugeln mit noch sichtbaren Pyritecken und weibliche mit glatter Oberfläche. Wir arbeiten immer mit einem Bojipaar. Testen Sie, in welcher Hand Sie welchen Stein halten möchten.

Eigenschaften: ist die »Beziehungsflasche« – hilft Männern bei Unsicherheit im Rollenverhalten Mann/Frau; unterstützt Selbstvertrauen und Klarheit; hilft negative Beziehungserfahrungen zu verarbeiten; stärkt Konzentrationsfähigkeit und Entschlussfähigkeit; hilft die eigene Herzenswahrheit auszudrücken; stärkt das Immunsystem.
Energiezentrum: Basischakra und Herzchakra.
Aufzutragen: um den gesamten Rumpf herum; auf beide Fußsohlen.
Gedanken zu Nr. 27: Grün – die Farbe des Waldes und des Herzzentrums, Rot – die Farbe der Leidenschaft, der Emotionen. Interessant ist die Frage, welche alten Muster wir in unsere Beziehungen mitbringen. Unsere ersten Beziehungsmuster entstanden in unserer frühen Kindheit durch die Beziehung zu Mutter und Vater.
Damit neue Erfahrungen gemacht werden können, ist es sinnvoll und notwendig, sich bewusst von diesen alten Mustern zu verabschieden. Besonders wichtig ist dabei, alte Herzchakraverletzungen auszuheilen. Bei diesem Heilungsprozess kann uns Öl Nr. 27 helfen.

Edelsteine und Edelsteinessenzen

Bojisteine helfen uns dabei, unsere männliche und weibliche Seite zu harmonisieren; gleichen die Gegensätze in uns aus und bringen uns in Einklang mit uns selbst.
Rutilquarzessenz hilft uns dabei, die Wurzeln von Problemen zu finden; stärkt Klarheit und Selbsterkenntnis; unterstützt die Erinnerung an Traumgeschehen.

Aromaöle

Eisenkraut ist Energie spendend und erfrischend; öffnet für gegenwärtige Situationen und Chancen.
Bitte wenden Sie Eisenkraut nicht in der Schwangerschaft an, da es vorzeitige Wehen auslösen kann!

Blütenessenzen

Bach-Blüten: Chicory, Holly, Honeysuckle.
Kauai-Flower-Essenzen: Male and Female Synergy hilft männliche und weibliche Aspekte zu harmonisieren.
Orchideenessenzen: Sun Orchid bringt den Solarplexus ins Gleichgewicht und verbindet ihn mit den höheren Energiezentren.
Bitte verwenden Sie die Orchideenessenz Sun Orchid nur zusammen mit Rutilquarzessenz.

Kreativ-meditativer Vorschlag

Fertigen Sie eine Beziehungswunschliste an, und fragen Sie sich:
Welche Qualitäten sind mir in meiner Beziehung wichtig, egal, unwichtig oder unangenehm?
Welche Aspekte möchte ich in meine Beziehung einbringen?
Gibt es Themen, die unausgesprochen »in der Luft hängen«?
Was hindert mich daran, diese Themen konstruktiv anzusprechen?
Wie wünsche ich mir die Kräfteverteilung in meiner Beziehung?

Nr. 28 Maid-Marion-Flasche

GRÜN ÜBER ROT

»Ich erinnere mich daran, dass ich frei geschaffen wurde. Alle Einschränkungen in meinem Leben sind Illusion.«

Lebenshilfe
Der Rutilquarz hilft beim Loslassen und Umdenken und unterstützt uns dabei, unseren Weg konsequent zu gehen.

Eigenschaften: ist die »Beziehungsflasche« – hilft Frauen, die das Gefühl haben, in der Partnerschaft unterdrückt und fremdbestimmt zu sein; stärkt das Selbstvertrauen und die Entscheidungsfähigkeit; löst Abhängigkeitsgefühle auf; hilft dabei, aus der »Opferrolle« herauszukommen; stärkt das Immunsystem.
Energiezentrum: Basischakra und Herzchakra.
Aufzutragen: um den gesamten Rumpf herum.
Gedanken zu Nr. 28: Wenn Frauen sich zu diesem Öl hingezogen fühlen, wollen sie damit indirekt sagen: Ich fühle mich wie ein Fußabstreifer. Dieses Gefühl von Benutztsein und Ausgenutztwerden entwickeln Frauen, die sich in Haushalt und Familie aufopfern und ihre eigenen Bedürfnisse nicht mehr spüren.
Aus diesem Leben unterdrückter und nicht befriedigter Bedürfnisse, was auch zu körperlichen Symptomen führen kann, führt nur die Liebe zu sich selbst: erkennen, welch wertvoller, liebenswerter Mensch man ist; sich selbst etwas Gutes tun. Das sind die ersten Schritte zu mehr Selbstbewusstsein. Sie beginnen, Grenzen zu setzen sowie mehr und mehr Ihre Bedürfnisse zu erkennen und zu ihnen zu stehen.

Edelsteine und Edelsteinessenzen

Bojisteine helfen uns dabei, unsere männliche und weibliche Seite zu harmonisieren.
Rutilquarzessenz hilft uns dabei, die Wurzeln von Problemen zu finden; stärkt Klarheit und Selbsterkenntnis.

Aromaöle

Zeder wirkt beruhigend, angstauflösend und entkrampfend; ist schleimlösend, antiseptisch und beruhigt die Atemwege. Bitte wenden Sie dieses Öl nicht in der Schwangerschaft an: Durch Zedernöl können Wehen angeregt werden!

Blütenessenzen

Bach-Blüten: Chicory, Holly, Honeysuckle.

Kauai-Flower-Essenzen: Male and Female Synergy hilft männliche und weibliche Aspekte zu harmonisieren.

Orchideenessenzen: Sun Orchid bringt den Solarplexus ins Gleichgewicht und verbindet ihn mit den höheren Energiezentren.

Bitte verwenden Sie die Orchideenessenz Sun Orchid nur zusammen mit Rutilquarzessenz.

Meditation »Rosa Lichtatmung«

Atmen Sie durch Ihr Kronenzentrum rosafarbene Lichtenergie ein, und geben Sie dieses rosa Licht mit Ihrer Ausatmung über Ihr Herzzentrum an die Welt ab. Wiederholen Sie diese Atmung, und erfahren Sie sich eine Zeit lang im Strom der Liebe.

Nr. 29 Steh auf und wandle

ROT ÜBER BLAU

»Ich erinnere mich an den tiefen Frieden in mir, der in jedem Augenblick meinen inneren Wesenskern erfüllt.«

Rot über Blau
Das Zusammenführen von Himmel (blau) und Erde (rot) nannte Vicky Wall, die Begründerin von Aura Soma, »die Regenbogenbrücke bilden«. Die beiden Farben gemischt ergeben violett, die Farbe für Heilung und Einswerden.

Eigenschaften: spendet Energie; ist harmonisierend und stärkend; bringt Emotionen in Fluss; wirkt friedensstiftend; bringt männliche und weibliche Aspekte der Persönlichkeit in die Balance; unterstützt die Kommunikationsfähigkeit; hilft dabei, in der Materie gut zurechtzukommen und Erkenntnisse in den Alltag zu integrieren.
Energiezentrum: Basischakra und Kehlkopfchakra.
Aufzutragen: um den gesamten Rumpf herum; auf beide Fußsohlen.
Gedanken zu Nr. 29: Eine große Herausforderung ist es, unsere Erfahrungen, unsere Erkenntnisse aus der Meditation und aus tiefen Bewusstseinsschichten im Alltag umzusetzen und in der Beziehung mit unserem Partner, unserer Familie, unseren Freunden und Kollegen zu leben.
Wenn Sie es schaffen, die beiden Bereiche Himmel (blau) und Erde (rot) zusammenzuführen, kann Heilung und Transformation (violett) auf allen Ebenen geschehen. Dann erleben Sie eine neue Freiheit und Leichtigkeit.

Edelsteine und Edelsteinessenzen

Blauer Turmalin löst im Solarplexus gestaute Emotionen und entspannt; ist kommunikationsfördernd; unterstützt die Schilddrüse und die Lunge.
Blaue Turmalinessenz fördert kreativen und sprachlichen Ausdruck; schafft Verbindung zu den Engelebenen; führt zu Wissen und Erkenntnis; hilft bei allen »Halsproblemen« (körperlich und seelisch).

Aromaöle

Bohnenkraut regt an, vitalisiert und stimuliert den Geist; unterstützt das Nervensystem; ist Energie spendend und aphrodisisch. Nicht bei Schwangerschaft anwenden!
Basilikum wirkt aufmunternd, antidepressiv. Bitte nicht bei Schwangerschaft und Epilepsieneigung anwenden!

Blütenessenzen

Bach-Blüten: Olive, Rescue.
Kauai-Flower-Essenzen: Male and Female Synergy hilft, männliche und weibliche Aspekte zu harmonisieren.
Orchideenessenzen: Angel Orchid vermittelt Leichtigkeit und Fröhlichkeit, öffnet für die Kommunikation mit den Engeln. Bitte verwenden Sie die Blütenessenz Angel Orchid nur in Verbindung mit Blauer Turmalinessenz.

Kreativ-meditativer Vorschlag

Fertigen Sie folgende Liste an:
Welche spirituellen Erfahrungen und Erkenntnisse möchte ich in meinen Alltag, in die Materie einfließen lassen?
Was von diesen Erkenntnissen kann ich gleich, was erst später umsetzen?
Wie soll das praktisch aussehen?

Nr. 30 Den Himmel auf die Erde bringen

BLAU ÜBER ROT

»Ich erinnere mich daran, dass ich ein Kind der Mutter Erde bin und gleichzeitig das Himmelreich tief in mir trage.«

Blutstein
Der Hämatit wird im Volksmund auch Blutstein genannt. Den Namen erhielt der Stein, weil er beim Schleifen eine blutrote Flüssigkeit absondert, durch die die Edelsteinschleifer blutrote Finger bekamen.

Eigenschaften: hilft nach Meditationen und spiritueller Arbeit zu erden; bringt Geist und Materie in Harmonie; beruhigt, entspannt und spendet Energie; hilft dabei, über spirituelle Erfahrungen sprechen zu können.
Energiezentrum: Basischakra und Kehlkopfchakra.
Aufzutragen: rund um gesamten Rumpf; rund um den Haaransatz; auf beide Fußsohlen.
Gedanken zu Nr. 30: Dieses Öl wird am besten mit Vicky Walls eigenen Worten beschrieben: »Kopf im Himmel, Füße auf dem Boden, Herz frei.« Besonders wenn Sie viel und gern geistig-meditativ arbeiten, ist es sehr wichtig, sich bewusst zu erden, zu verankern.
Durch diese Erdung gewinnen Sie Kraft, Vitalität und verlieren nicht das Gefühl für die Realität, für die irdische Umgebung. Als Heiler arbeitende Menschen sollten sich auch erden, um sich nach der Arbeit nicht energie- und kraftlos zu fühlen. Oberstes Ziel und auch Motiv sollte sein, Kanal zu werden zwischen Himmel und Erde, zwischen Geist und Materie.

Edelsteine und Edelsteinessenzen

Hämatit bringt Körper, Geist und Seele ins Gleichgewicht; schützt und spendet Energie; erdet spirituelle Energien und aktiviert das so genannte Erdensternchakra, das tief unter uns in der Erde liegt.
Hämatitessenz bringt Vitalität und Genesung.

Aromaöle

Zimtrinde und Zimtblätter sind warm und würzig; wirken entspannend und krampflösend; stärken Herz und Nerven. Nicht bei Schwangerschaft anwenden!

Blütenessenzen

Bach-Blüten: Olive, Oak, Rescue.
Kauai-Flower-Essenzen: Grounding erdet und schützt.
Orchideenessenzen: Füllhorn-Cattleya lässt Sie eine liebevolle Verbindung zwischen Kosmos und Erde spüren; Sie lernen, dass alles Materielle ebenso wie die kosmische Liebe im Überfluss vorhanden ist und dass es keine Grenzen gibt; alle Gaben des Universums nehmen Sie bewusst an und leiten sie an die Erde weiter. Bitte verwenden Sie Füllhorn-Cattleya nur zusammen mit der Hämatitessenz.

Meditation »Wurzelübung«

Stellen Sie sich aufrecht hin, und gehen Sie mit Ihrem Bewusstsein in Ihre Fußsohlen hinein. Schließen Sie die Augen, spüren Sie Ihre Atembewegung. Sie stehen mit Ihren Füßen fest und sicher auf dem Boden. Sie lassen in Ihrer Vorstellung aus Ihren Fußsohlen Wurzeln bis tief hinunter in die Erde wachsen. Sie ziehen nun mit jedem Atemzug die rote, warme, energiereiche Erdenergie über Ihre Wurzeln hinauf in Ihren Körper; mit jedem Ausatmen geben Sie die verbrauchte Luft ganz mühelos ab. Sie atmen so lange Erdenergie ein, bis Sie sich aufgeladen und energiereich fühlen.

Nr. 31 Die Fontäne

GRÜN ÜBER GOLD

»Ich verbinde mich mit der tiefen Weisheit und der Freude, die in jedem Moment meinen inneren Wesenskern erfüllen.«

Goldtopas
Den Edelstein Topas gibt es in den Farben Blau, Rosa, Gold und Farblos. Goldgelber Topas versorgt unsere Aura mit sonnengelber und wärmender Energie.

Eigenschaften: hilft tiefen Zugang zur Natur zu finden; stärkt die Lebensfreude im Solarplexus; entspannt im Herzbereich; stärkt die Hoffnung; schafft Zugang zu innerer Weisheit; hilft inneres Wissen zu lehren; wirkt angstauflösend und beruhigt in Prüfungssituationen.
Energiezentrum: Solarplexus, Herzchakra.
Aufzutragen: rund um den Brustkorb; rund um den Bauch in Solarplexushöhe; auf beide Fußsohlen.
Gedanken zu Nr. 31: Jeder von uns trägt einen unermesslichen Schatz an innerem Wissen und inneren Fähigkeiten in sich. Wenn wir uns dies bewusst machen, kann diese Energie nach außen dringen und andere Menschen ebenfalls mit ihrem Wissensschatz in Kontakt bringen. Um diese innere Quelle zu spüren, ist es wichtig, sich dafür immer wieder die innere Ruhe, den inneren Raum zuzugestehen. Suchen Sie sich Ihren persönlichen Lieblingskraftort in der Natur, um dort regelmäßig Kontakt mit Ihrem Inneren aufnehmen zu können. Die Weite und der Duft der Natur helfen Ihnen dabei.

Edelsteine und Edelsteinessenzen

Goldfarbener Topas bringt Sonnenenergie und Wärme in den Körper; stärkt Solarplexus und Nervensystem; entgiftet; lässt Gefühle vom Sonnengeflecht zum Dritten Auge aufsteigen; regt den Energiefluss in den Meridianen an; hilft den inneren Reichtum an Weisheit und Fähigkeiten zu entdecken und auch wertzuschätzen.
Topasessenz vermittelt Lebensfreude und Frohsinn.

Aromaöle

Bergamotte wirkt angstauflösend und antidepressiv; entspannt die Nerven und hellt die Stimmung auf.

Blütenessenzen

Bach-Blüten: Larch.

Kauai-Flower-Essenzen: Consciousness Booster hilft dabei, mit Vertrauen den spirituellen Weg zu gehen; wirkt Energie spendend und aufhellend.

Orchideenessenzen: Colour Orchid unterstützt das Loslassen von grauen Gedanken; lässt uns erkennen, dass unsere Gedanken, unsere Wahrnehmung, die Welt verändern können; hilft Farbe und Freude ins Leben einzuladen und diese auch weiterfließen zu lassen. Diese Orchideenessenz bitte nur zusammen mit Goldtopasessenz verwenden.

Kreativ-meditativer Vorschlag

Gestalten Sie eine Bild- und Schriftcollage: Stellen Sie eine goldene Fontäne vor grünem Naturhintergrund dar (Goldpapier, Naturhintergrund in Grüntönen), und fügen Sie zum Schluss einzelne Worte ein – Begriffe, die Ihren inneren Weisheitsschatz symbolisieren: z. B. Freude, Ausgelassenheit, altes Heilwissen, Naturliebe, Liebe zu den Wesen der Natur …

Anschließend betrachten Sie das Bild und meditieren darüber.

Nr. 32 Sophia

KÖNIGSBLAU ÜBER GOLD

»Ich erinnere mich daran, dass ich ein Wesen aus Licht bin. Dieses Wissen erfüllt mich mit tiefem Frieden.«

Lapislazuli
Legen Sie beim Meditieren den Lapislazuli auf Ihr Drittes Auge. Sie spüren die beruhigende Wirkung. Lapislazuli hilft in die Tiefe zu spüren.

Eigenschaften: wirkt tief entspannend; erleichtert den Zugang zum schöpferischen Gestalten und zur Manifestation; bringt uns mit tiefem Frieden jenseits aller Worte in Verbindung; hilft Gedanken klar auszudrücken; hilft altes Wissen zu lehren; klärt alte Probleme mit der eigenen Mutter; verringert Nervosität; unterstützt den Magen- und Darm-Trakt.
Energiezentrum: Solarplexus und Drittes Auge.
Aufzutragen: überall zwischen Kopf- und Nabelbereich; auf beide Fußsohlen.
Gedanken zu Nr. 32: Wenn Sie die Kraft der Gedanken erfahren, spüren Sie, wie sehr Sie mit Gedanken, besonders wenn diese noch durch Gefühle verstärkt werden, Dingen und Situationen zur Manifestation in Ihrer Realität verhelfen können. Sie ahnen, welche Verantwortung Sie sich und anderen gegenüber haben. Beginnen Sie damit, Ihre Gedanken bewusster zu verfolgen: Reservieren Sie sich am Abend vor dem Einschlafen ein paar Minuten, um sich noch einmal den Ablauf des Tages vor Augen zu führen. Ganz emotionslos, wie ein Beobachter.

Edelsteine und Edelsteinessenzen

Lapislazuli ist ein im alten Ägypten besonders verehrter Kraftstein; fördert Innensicht und Hellsichtigkeit.
Rutilquarzessenz stärkt die Selbsterkenntnis.
Lapislazuliessenz fördert das Bedürfnis nach Partnerschaft.
Gold wirkt antidepressiv; unterstützt geistige Visionen.

Aromaöle

Muskatellersalbei wirkt euphorisierend, anregend und belebend; vitalisiert und entspannt gleichzeitig; ist angstauflösend, warm und lebendig; regt die Kreativität an.

Blütenessenzen

Bach-Blüten: Rescue.

Kauai-Flower-Essenzen: Manifesting hilft dabei, mit mentaler Klarheit schöpferisch im Leben zu arbeiten, neue Ideen Wirklichkeit werden zu lassen.

Orchideenessenzen: Sun Orchid öffnet den Solarplexus für die Aufnahme von kosmischem Licht und verbindet den Solarplexus mit höheren Zentren; bringt unser Ego ins Gleichgewicht. Bitte verwenden Sie die Blütenessenz Sun Orchid nur zusammen mit Rutilquarzessenz oder mit Goldtopasessenz.

Meditation »Sonne«

Wandern Sie in Ihrem Geist zu einem Sonnentempel. Sie stehen in der Tempelanlage und nehmen die Strahlen der untergehenden Sonne in sich auf. Sie spüren die Wärme der Steinplatten unter Ihren Füßen. Atmen Sie mit allen Zellen die Sonnenstrahlen ein, und spüren Sie, wie Ihr Körper zu vibrieren beginnt. Spüren Sie hinter der Sonne die geistige Sonne, und verbinden Sie Ihre Kraftzentren mit dieser geistigen Sonne. Bleiben Sie so lange, bis die Sonne untergegangen ist. Dann kehren Sie langsam zurück in unsere Zeit, ins Hier und Jetzt.

Nr. 33 Delfin

KÖNIGSBLAU ÜBER TÜRKIS

»Ich verbinde mich mit der inneren Freude und der wunderbaren Leichtigkeit, die mich in jedem Moment erfüllen.«

Delfinenergie
Die Delfinessenz wurde im Mittelmeer aus der Energie von sieben wilden, spielenden Delfinen gewonnen, ohne dass die Delfine dadurch verletzt oder gestört wurden.

Eigenschaften: vermittelt Heiterkeit und Leichtigkeit; unterstützt unsere spielerischen Seiten; stärkt die Selbstliebe und die Kommunikationsfähigkeit; fördert die Selbsterkenntnis; regt die Kreativität an; erleichtert Zugang zu anderen Dimensionen; lässt uns spirituell verstehen.
Energiezentrum: Herzchakra, Drittes Auge, Kehlkopfchakra.
Aufzutragen: rund um Hals und Nacken; im Kiefer- und Stirnbereich; rund um den Brustkorb; auf beide Fußsohlen.
Gedanken zu Nr. 33: Delfine galten immer schon als Glück bringend und Freude spendend. Sie wurden in vielen verschiedenen Kulturen verehrt und von Künstlern verewigt. Wir erfahren heutzutage von erstaunlichen Heilerfolgen durch Delfine bei autistischen Kindern. Wir wissen, dass Delfine ein hoch entwickeltes Kommunikationssystem besitzen. Laden wir die Delfinenergie in unser Leben ein!

Edelsteine und Edelsteinessenzen

Aquamarin spült Blockaden sanft weg; reinigt und klärt im Hals- und Kopfbereich; fördert das intuitive Sehen; gibt uns Weitblick; lässt uns gelassen und leicht werden.
Larimar stärkt die Verbindung von Intellekt und Gefühl; vermittelt inneren Frieden; unterstützt das Kehlkopfzentrum; regt die Kreativität an.
Aquamarinessenz bringt Lichtenergie in Körper und Aura.
Larimaressenz hilft Inspiration und Selbstverwirklichung.

Aromaöle

Lavendelöl wirkt stimmungsausgleichend und entspannend, besonders im Kopfbereich; steigert die Abwehr. Einige Tropfen in der Duftlampe lassen Sie Stress vergessen.

Blütenessenzen

Bach-Blüten: Gorse, Olive, Pine.
Kauai-Flower-Essenzen: Playfullness hilft belastende existentielle Probleme loszulassen und die spielerische Freude wieder zu entdecken.
Delfinessenz spendet Energie; reinigt alle Chakren; löst das Geburtstrauma von Neugeborenen auf.
Orchideenessenzen: Fun Orchid vermittelt Leichtigkeit und spielerische Freude. Bitte diese Orchideenessenz nur zusammen mit der Olivenessenz verwenden.

Meditation »Delfin«

Wandern Sie in Gedanken zum Meer. Die Sonne scheint, das Wasser glitzert. In der Nähe sehen Sie Delfine spielen. Sie gehen ins klare, angenehm warme, türkisfarbene Wasser. Ein Delfin kommt ganz nahe zu Ihnen und lacht Sie an. Er lädt Sie ein, sich auf seinen Rücken zu setzen. Sie spüren seine Leichtigkeit, Freude, Liebe und nehmen Platz. Schwerelos gleiten Sie durchs Wasser. Er trägt Sie zu einer Insel, auf der ein Bergkristalltempel auf Sie wartet. Sie ruhen sich dort aus, meditieren, staunen über die kristalline Schönheit. Sie werden wieder von Ihrem Delfin abgeholt, der Sie leicht und sicher zurück an den Strand bringt.

Nr. 34 Die Geburt der Venus

PINK ÜBER TÜRKIS

»Ich erinnere mich an die überwältigende Freude, die in jedem Augenblick in meinem Wesenskern strahlt und leuchtet.«

Imitate
Türkis ist ein Stein, der besonders gern nachgeahmt wird: Oft werden blau eingefärbte Magnesite als Türkise auf dem Markt angeboten. Achten Sie deshalb ganz besonders auf die Echtheit Ihres Türkises.

Eigenschaften: verbindet uns mit Liebe und Freude, stärkt die Selbstliebe; öffnet das Herzzentrum für bedingungslose Liebe; unterstützt die Traumarbeit; fördert die Gefühlskommunikation; entspannt den Unterleib und wirkt entkrampfend bei Menstruationsbeschwerden.
Energiezentrum: Herzchakra und Basischakra.
Aufzutragen: rund um das Herzzentrum; rund um den Unterleib; auf beide Fußsohlen.
Gedanken zu Nr. 34: Das Öl Pink über Türkis strahlt Liebe, Freude und eine Stimmung aus, die Sie vielleicht von einem Mittelmeerurlaub kennen. Die Sonne und die Düfte dort lassen alles farbiger und leichter erscheinen. »Die Geburt der Venus« kann uns daran erinnern, dass wir jederzeit den Zugang zu dieser inneren Freude finden sowie mehr und mehr die Sinnlichkeit unseres Körpers entdecken können.

Edelsteine und Edelsteinessenzen

Rosenquarz unterstützt die Liebe, die Freude und das Lachen; öffnet für alles Schöne und für Kreativität; öffnet unser Herz für die bedingungslose Liebe.
Türkis war in vielen Kulturen ein Schutzstein; schenkt uns Kraft, Gesundheit und Lebensfreude; harmonisiert die Emotionen; fördert die Intuition.
Rosenquarzessenz lässt uns unsere Ängste und Sorgen vergessen; »trocknet« unsere Tränen.
Türkisessenz hilft bei Depressionen und Schüchternheit.

Aromaöle

Rose, die Königin der Blumen, harmonisiert das Herzzentrum; tröstet bei Verlust, Kummer und Trauer.

Jasmin besänftigt, harmonisiert und regt die Sinnlichkeit an.

Blütenessenzen

Bach-Blüten: Mustard, Water Violet.

Kauai-Flower-Essenzen: für Frauen – Female Sexual Liberator lässt die Sexualität neu und mit Freude genießen. Für Männer – Male Performance gibt Selbstvertrauen, um sich der Sexualität neu zu öffnen.

Orchideenessenzen: Heart Orchid öffnet das Herzzentrum für bedingungslose Liebe in Verbindung mit Spiritualität. Bitte verwenden Sie die Blütenessenz Heart Orchid nur zusammen mit Rosenquarzessenz.

Meditation »Palast am Mittelmeer«

Sie sehen sich mit Ihren »inneren Augen« auf einer wunderschönen weißen Marmorterrasse über türkisfarbenem Meer stehen. Angenehm warme und doch erfrischende Luft umfächelt Ihren Körper, Sie atmen den Duft der nahen Jasmin- und Rosenbüsche ein. Legen Sie sich nun auf eine bequeme Liege auf der Terrasse, decken Sie sich mit einem seidigen weißen Tuch zu, und lauschen Sie den Wellen. Bilder von schönen, weißen Mittelmeerpalästen ziehen an Ihrem Auge vorbei. Ihr Herz weitet sich, und Sie spüren die Energie von Liebe in jeder Pflanze und in jedem Gegenstand.

Nr. 35 Freundlichkeit

PINK ÜBER VIOLETT

»Ich öffne mich dafür, loszulassen und mich dem Fluss des Lebens anzuvertrauen.«

Eigenschaften: heilt durch bedingungslose Liebe; öffnet für heilsame Energien; hilft beim Loslassen von Ängsten; fördert sanfte Spiritualität; stärkt Nächstenliebe und Selbstliebe; unterstützt die emotionale Ebene;
ist sanft balancierend bei unklaren Spannungen und »Schmerzen ohne Grund«.
Energiezentrum: Kronenchakra und Basischakra.
Aufzutragen: überall am Körper, wo Sie intuitiv ein Bedürfnis nach diesem Öl verspüren.
Gedanken zu Nr. 35: Bei der Arbeit mit diesem Öl werden Sie auf das Thema »Begegnungen, Freundschaft und Mitgefühl« aufmerksam. Sprechen Sie mit Ihren Freunden darüber, wie es ihnen geht, fragen Sie sie danach, wie sie sich fühlen? Oder sprechen Sie mehr über andere Dinge, andere Menschen, Alltägliches, Urlaub, Essen? Sind Ihre Begegnungen glücklich, und haben Sie dabei ein warmes Gefühl im Herzen? Wie wünschen Sie sich freundschaftliche Beziehungen? Was sind Sie bereit zu geben?

Strahlenschutz
Rosenquarz ist der ideale Schutzstein für alle, die täglich viele Stunden am Computer arbeiten müssen: Er schluckt, auf den Computer gestellt, die schädlichen elektromagnetischen Strahlen und sorgt so für eine »saubere« Arbeitsatmosphäre.

Edelsteine und Edelsteinessenzen

Rosenquarz stärkt die Selbstliebe; öffnet für alles Schöne (Kunst, Musik); heilt den Emotionalkörper; hilft loszulassen und zu vergeben.
Amethyst beruhigt; gibt Vertrauen; fördert tiefen inneren Frieden; hilft beim Erkennen des großen Ganzen.
Rosenquarzessenz öffnet für Liebe und Vertrauen.
Amethystessenz fördert die spirituelle Entwicklung.

Aromaöle

Rose, die Königin der Blumen, harmonisiert das Herzzentrum; tröstet bei Verlust, Kummer und Trauer.
Lavendel wirkt ausgleichend und entspannend, besonders im Kopfbereich; lässt Gedanken zur Ruhe kommen.
Weihrauch riecht würzig; wirkt heilend und antiseptisch.

Blütenessenzen

Bach-Blüten: Star of Bethlehem, Mimulus, Rock Rose, Rescue.
Kauai-Flower-Essenzen: Divine Love stärkt Vertrauen in göttliche Liebe; hilft Liebe anzunehmen und auszustrahlen.
Orchideenessenzen: Heart Orchid fördert »das Sehen mit dem Herzen«; bringt uns in Gleichklang mit dem Kosmos. Bitte nur zusammen mit der Rosenquarzessenz verwenden.

Meditation »Kloster in Griechenland«

Sie sehen ein weißes Kloster in Griechenland. Sie betreten einen Innenhof mit duftenden Blumen, atmen den Geruch von Rose, Lavendel und Weihrauch tief ein. Sie werden von einer liebevoll lächelnden Frau begrüßt, die Sie in Ihren Heilungsraum führt. Sie spüren tiefe Ruhe, inneren Frieden und fallen in einen tiefen Heilschlaf. Nach dem Erwachen wissen Sie intuitiv, was Sie in Ihrem Leben verändern sollten, um sich wohler und gesünder zu fühlen.

Nr. 36 Nächstenliebe

VIOLETT ÜBER PINK

»Ich verbinde mich bewusst mit der universellen Liebe, die in jedem Augenblick in mir strahlt und leuchtet.«

Eigenschaften: stärkt die Verbindung zur göttlichen Liebe; verhilft zur spirituellen Klarheit; hilft die eigene Lebensaufgabe zu erkennen; fördert das Mitgefühl; stärkt die eigenen Heilkräfte; heilt und schützt, vor allem das »innere Kind«.
Energiezentrum: Kronenchakra und Basischakra.
Aufzutragen: überall am Körper, wo Sie ein intuitives Bedürfnis nach diesem Öl verspüren.
Gedanken zu Nr. 36: Die eigene Lebensaufgabe besser zu erkennen ist ein häufig geäußerter Wunsch. Hier bietet die Aura-Soma-Therapie eine große Hilfe an: Reading, so nennt sich eine therapeutische Sitzung, bei der vier Öle aus mittlerweile 98 ausgewählt werden. Die erste Flasche, die Seelenflasche, »erzählt« viel über Talente und mitgebrachte Fähigkeiten des Einzelnen.
Je mehr wir dem Ruf unserer Lebensaufgabe folgen, desto »runder«, glücklicher und gesünder fühlen wir uns – egal, wie diese Aufgabe auch aussehen mag. Es gibt keine besseren oder schlechteren Aufgaben!

Verstärkt Schwingungen
Bergkristall ist der Stein, der mit seiner Schwingung und seiner Energie die Wirkungsweise aller anderen Heilsteine verstärken kann. Es empfiehlt sich daher, den Stein, mit dem Sie arbeiten, mit einem Bergkristall zu kombinieren, um so die Wirkungsweise zu intensivieren.

Edelsteine und Edelsteinessenzen

Rosenquarz stärkt die Selbstliebe; öffnet für alles Schöne (Kunst, Musik); heilt den Emotionalkörper; hilft loszulassen und zu vergeben.
Amethyst beruhigt; gibt Vertrauen; fördert tiefen inneren Frieden; hilft beim Erkennen des großen Ganzen.
Rosenquarzessenz öffnet für Liebe und Vertrauen.
Amethystessenz fördert die spirituelle Entwicklung.

Aromaöle

Rose, die Königin der Blumen, harmonisiert das Herzzentrum, tröstet bei Verlust und Trauer.

Lavendel wirkt ausgleichend und entspannend, besonders im Kopfbereich; hilft Gedanken zur Ruhe zu bringen.

Blütenessenzen

Bach-Blüten: Star of Bethlehem, Rescue, Walnut.

Kauai-Flower-Essenzen: Meditation lässt Gedankenstille in uns einkehren und öffnet den Weg für friedvolle und inspirierende Energien.

Orchideenessenzen: Higher Self Orchid verbindet uns mit unserem höheren Selbst. Bitte verwenden Sie die Blütenessenz Higher Self Orchid nur in Verbindung mit Bergkristallessenz oder Amethystessenz.

Meditation »Lebensaufgabe«

Legen Sie sich bequem hin, und legen Sie Ihr Öl Violett über Pink auf Ihr Stirnzentrum. Entspannen Sie sich, und bitten Sie Ihre innere Führung darum, Ihnen Bilder, Eindrücke oder Worte bezüglich Ihrer Lebensaufgabe zu zeigen. Schreiben Sie danach Ihre Eindrücke auf, ohne sich von Ihrem Verstand »hineinreden« zu lassen.

Dann legen Sie sich wieder bequem hin, legen das Öl erneut auf die Stirn und sehen sich vor Ihrem »inneren Auge« Ihre Lebensaufgabe ganz selbstverständlich verrichten.

Nr. 37 Der Schutzengel kommt auf die Erde

VIOLETT ÜBER BLAU

»Ich erinnere mich an den tiefen Frieden, der in jedem Augenblick meinen inneren Wesenskern erfüllt.«

Gleichgewicht
Den Turmalin gibt es in den Farben Grün, Blau, Rot/Rosa und Schwarz. Der Turmalin ist ein sehr geschätzter Heilstein, der uns dabei hilft, das Gleichgewicht auf allen Ebenen zu bewahren.

Eigenschaften: unterstützt spirituelles Verstehen und Intuition; verhilft zu klaren Gedanken und klarer Sprache; unterstützt Transformationsprozesse; fördert die Kommunikation mit Engeln; schenkt inneren Frieden; stärkt die Heilkräfte; hilft in der Meditation; ist schützend und nährend; wirkt entspannend auf Kopf- und Kieferbereich, Hals- und Nackenbereich.
Energiezentrum: Kronenchakra und Kehlkopfchakra.
Aufzutragen: um den Hals herum; am Haaransatz; auf beide Fußsohlen (vor allem auf die Reflexzonen von Kopf- und Halsbereich).
Gedanken zu Nr. 37 Ideal wäre es, wenn Sie einen festen Zeitpunkt des Tages der Meditation und Entspannung widmen würden. Dies kann z. B. am frühen Morgen sein, bevor Sie aus dem Haus gehen, oder auch zu jeder anderen Zeit. Wenn Sie das einmal regelmäßig praktizieren (ein paar Minuten reichen schon), werden Sie diesen Teil des Tages nicht mehr missen wollen.

Edelsteine und Edelsteinessenzen

Blauer Turmalin löst im Solarplexus gestaute Emotionen; ist kommunikationsfördernd; unterstützt die Arbeit der Schilddrüse und der Lunge.
Blaue Turmalinessenz verbindet uns mit den Engelsenergien; fördert Erkenntnis und Wissen; unterstützt die Arbeit der Schilddrüse und der Lunge; hilft bei Halsproblemen.

Aromaöle

Lavendel wirkt ausgleichend und entspannend, besonders im Kopfbereich; steigert die Immunabwehr.
Iris harmonisiert, löst alte Blockaden und regt schöpferische Kräfte an; verstärkt die Intuition und die Liebe.

Blütenessenzen

Bach-Blüten: Olive, Rescue.
Kauai-Flower-Essenzen: Inspiration hilft dabei, selbstbegrenzende alte Muster loszulassen und sich höherer Inspiration zu öffnen.
Orchideenessenzen: Angel Orchid vermittelt Leichtigkeit und Fröhlichkeit; verbindet mit der Engelebene.
Bitte verwenden Sie die Blütenessenz Angel Orchid nur zusammen mit Blauer Turmalinessenz.

Kreativ-meditativer Vorschlag

Gestalten Sie sich einen Meditationstisch ganz in Blau oder Violett, z. B. Schwertlilien in einer Vase, Seidentücher in Blau oder Violett, blaue und violettfarbene Steine (blauer Turmalin, Chalzedon, Lapislazuli, Amethyst), Ihr Öl Violett über Blau … Schaffen Sie sich so eine Oase der Ruhe und des inneren Friedens.

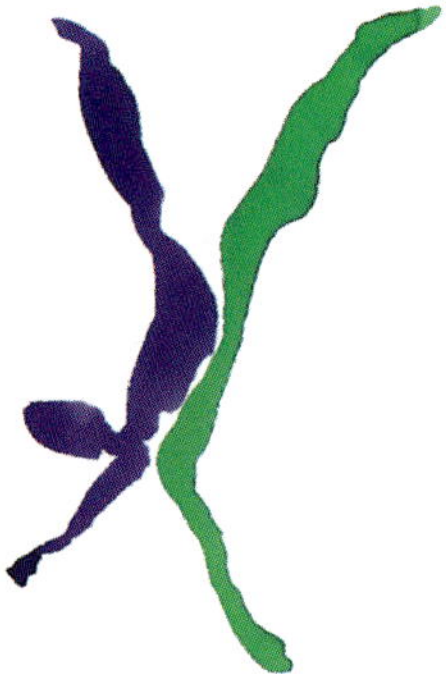

Nr. 38 Troubadourflasche II

VIOLETT ÜBER GRÜN

»Ich verbinde mich bewusst mit meiner Herzenswahrheit und drücke Sie klar und mit Leichtigkeit aus.«

Eigenschaften: stärkt das Selbstvertrauen; löst blockierte Emotionen; heilt das Herzzentrum; lässt uns Spiritualität ohne Angst ausdrücken; fördert das spirituelle Verständnis; hilft die eigene Herzenswahrheit zu finden und sie klar und deutlich auszudrücken.
Energiezentrum: Herzchakra und Kronenchakra.
Aufzutragen: rund um den Brustkorb; am Haaransatz; intuitiv auf schmerzende Stellen auftragen.
Gedanken zu Nr. 38: Nehmen Sie sich die Zeit, öfter mal in der Natur Kraft zu schöpfen. Besonders ein Baum wie die Linde, die schon durch ihre herzförmigen Blätter einen Bezug zum Herzzentrum vermuten lässt, lädt zum Daruntersitzen, Entspannen, Auftanken ein.
Spüren Sie einmal unter einer Linde sitzend den spirituellen Ideen in Ihrem Herzen nach.
Im Alltag fordert die Troubadourflasche II immer wieder dazu auf, die eigene Herzenswahrheit klar und ohne Angst auszudrücken.

Gemeinschaft
In der keltischen Mythologie ist die Linde ein Friedensbaum. In alten Dörfern gibt es auch heute noch eine Linde auf dem Dorfplatz. Sie gilt als kommunikationsfördernd, verkörpert mütterliche Qualitäten und Schutz. Aus dem Holz der Linde schnitzt man auch heute noch Madonnenfiguren.

Edelsteine und Edelsteinessenzen

Smaragd hilft alte Muster zu lösen; fördert ein liebevolles Gefühl der Verbundenheit mit altem Wissen; wirkt erfrischend und regenerierend; löst Ängste auf; stärkt das Immunsystem und hilft bei Infektionskrankheiten.

Smaragdessenz aktiviert die Selbstheilungskräfte und fördert die Verbindung zum höheren Selbst; unterstützt unsere spirituelle Entwicklung, hilft uns in Meditationen und zeigt uns den Weg zu Liebe und Weisheit.

Aromaöle

Zeder wirkt beruhigend, angstauflösend und entkrampfend; ist schleimlösend und harmonisierend für die Atemwege. Bitte verwenden Sie dieses Öl nicht während der Schwangerschaft, da es vorzeitige Wehen bedingen könnte!

Blütenessenzen

Bach-Blüten: Walnut, Wild Oat.
Kauai-Flower-Essenzen: Relationships hilft Muster von Furcht und Misstrauen aus früheren Beziehungen loszulassen und sich für neue Beziehungen zu öffnen.
Orchideenessenzen: Venus Orchid öffnet für Liebe, Sanftheit und Verständnis; stärkt das Mitgefühl.
Bitte die Blütenessenz Venus Orchid nur zusammen mit der Smaragdessenz einnehmen.

Meditation »Mittelalterliches Dorf«

Gehen Sie durch ein Dorf im Mittelalter. Es ist Sommer. Sie wandern zur Dorflinde, die in der Mitte des Marktplatzes neben dem Dorfbrunnen steht, und setzen sich darunter. Sie bewundern den uralten, dicken Stamm und die schönen, herzförmigen Blätter der Linde. Atmen Sie den süßen Duft der Lindenblüten ein, und nehmen Sie die kraftvolle Energie des Baumes in sich auf. Sie hören nun die Lieder einiger fahrender Troubadoure, die auf dem Marktplatz singen.
Gestärkt und entspannt verlassen Sie wieder das Dorf und wandern zurück in unsere Jetztzeit.

Nr. 39 Ägyptische Flasche II

VIOLETT ÜBER GOLD

»Ich verbinde mich mit der überwältigenden Freude, die in jedem Moment von meinem Wesenskern ausstrahlt.«

Eigenschaften: stärkt die Lebensfreude; hilft tiefe Ängste aufzulösen; fördert Weisheit und spirituelles Verstehen; hilft bei Wissensaufnahme und Wissensweitergabe; lässt inneren Reichtum erkennen; führt zum Heilen mit innerem Wissen und unter geistiger Führung; ist hilfreich bei Hautproblemen und Verdauungsbeschwerden.
Energiezentrum: Solarplexus und Kronenchakra.
Aufzutragen: um den gesamten Bauch herum; auf beide Fußsohlen.
Gedanken zu Nr. 39: Tiefe Ängste aufzulösen ist ein äußerst wichtiger Schritt, um sich für neue Erfahrungen öffnen zu können. Das Aura-Soma-Öl Violett über Gold kann Sie dabei unterstützen.
Sie sollten sich auch nicht scheuen, bei diesem Thema einen professionellen Therapeuten Ihres Vertrauens aufzusuchen und mit diesem zusammenzuarbeiten.

Gegen Stress
Der Rauchquarz ist ein Stein, der Ihnen hilft die Nerven zu behalten: Nehmen Sie in Stresssituationen in jede Hand einen Rauchquarz, und atmen Sie tief durch. Spüren Sie die beruhigende und entspannende Wirkung von Rauchquarz in sich.

Edelsteine und Edelsteinessenzen

Rauchquarz hilft dabei, sich so zu akzeptieren, wie man ist; hilft die eigenen Schattenseiten und Erfahrungen aus früheren Leben anzuschauen; macht uns offen für neue Erfahrungen; schützt vor allem auch gegen Strahleneinflüsse; stärkt die Nerven und heilt Neurosen, Ängste und Depressionen ohne organische Ursachen.
Rauchquarzessenz fördert unsere Erdverbundenheit; stärkt unser Selbstverantwortungsgefühl; hilft bei Problemen mit der Bauchspeicheldrüse; unterstützt Geschlechts- und Fortpflanzungsorgane.

Aromaöle

Rosmarin wirkt nervenstärkend und klärend; ist herzstärkend und hat antiseptische Wirkung. Nicht bei Bluthochdruck und nicht bei Schwangerschaft anwenden!

Blütenessenzen

Bach-Blüten: Rescue.

Kauai-Flower-Essenzen: Meditation hilft gedankliche Verwirrung loszulassen und sich für beruhigende, inspirierende, friedvolle Energien zu öffnen.

Orchideenessenzen: Past Life Orchid hilft in Kontakt mit alten Erinnerungen zu treten; unterstützt alle Formen der Reinkarnationstherapien.

Bitte nehmen Sie die Blütenessenz Past Life Orchid nur zusammen mit der Rauchquarzessenz ein.

Meditation »Ägypten«

Sie reisen in Ihrer Vorstellung nach Ägypten, ins alte Ägypten. Goldenes Licht heißt Sie willkommen, Sonnenwärme und der Geruch einer wunderbar würzigen Räucherung. Sie begeben sich zu einer Pyramide und sind auf einmal mittendrin. Goldenes Licht umgibt Sie, Sie atmen es tief ein. Legen Sie sich auf eine schmale Liege, Ihr Kopf befindet sich direkt unter der Spitze der Pyramide. Bleiben Sie so lange dort, wie Sie sich wohl fühlen.

Nr. 40 Ich bin

ROT ÜBER GOLD

»Ich bin.«

Nur morgens
Das Öl Nr. 40 hat eine Energie spendende und anregende Schwingung. Tragen Sie es abends vor dem Zubettgehen auf, kann es Schlaflosigkeit verursachen. Daher ist es besser, das Öl nur morgens anzuwenden.

Eigenschaften: hilft das innere Wissen in die Tat umzusetzen; wirkt dynamisierend und spendet Energie; fördert die Lebensfreude; stärkt den Glauben in den eigenen Erfolg und die eigenen Fähigkeiten; ist sexuell anregend, kräftigend und erdend; wirkt unterstützend bei Suchtentwöhnungen aller Art.
Energiezentrum: Solarplexus und Basischakra.
Aufzutragen: rund um Bauch und Unterleib; auf beide Fußsohlen.
Gedanken zu Nr. 40: Die Nr. 40 ist ein wunderbares Öl in Zeiten der Erschöpfung, der Energie- und Antriebslosigkeit. Es wirkt stark anregend und stärkt unseren Lebensmut.
Wir sollten uns in Zeiten der Energielosigkeit jedoch immer fragen, woher dieser Zustand kommen mag, und möglichst die Ursachen verändern. Fragen Sie sich auch das Gegenteil: Was stärkt Ihre Lebensfreude, was erfüllt Sie mit Begeisterung und Kraft? Und genau dahin sollten Sie sich orientieren.

Edelsteine und Edelsteinessenzen

Rutilquarz gilt als Wahrheits- und Schutzstein; verhilft zur Selbsterkenntnis; fördert Klarheit und Erinnerungsvermögen; stärkt den Solarplexus und regt den Energiefluss an; vermittelt Harmonie und Lebenskraft; stärkt die körpereigene Abwehr.
Rutilquarzessenz harmonisiert die Chakren; stimuliert die Gehirntätigkeit; wirkt schmerzlösend und stärkt das Immunsystem; hilft bei Erkältung und bei Depressionen; unterstützt die Geweberegeneration.

Aromaöle

Bergamotte wirkt antidepressiv, angstauflösend und nervenentspannend; muntert auf, verströmt sonnige Heiterkeit; entkrampft und entspannt den Magen-Darm-Trakt; wirkt antiseptisch.

Blütenessenzen

Bach-Blüten: Impatiens, Oak.
Kauai-Flower-Essenzen: Will Power stärkt die mentale Klarheit und die persönliche Kraft.
Orchideenessenzen: Sun Orchid öffnet den Solarplexus; verbindet uns mit der Sonne; hilft unser Ego in Harmonie mit den kosmischen Gesetzen zu bringen.
Bitte die Blütenessenz Sun Orchid nur zusammen mit der Rutilquarzessenz einnehmen.

Meditation »Sonnenuntergang«

Versetzen Sie sich an einen schönen Meeresstrand mit warmem Sand. Sie setzen sich in den warmen Sand und sehen die Sonne wie einen Feuerball ganz langsam untergehen. Sie atmen die Sonnenstrahlen tief in Ihren Körper ein, füllen Ihren gesamten Körper damit. Sie nehmen goldfarbene Sonnenstrahlen in Ihren Solarplexus, orangefarbene Sonnenstrahlen in Ihren Unterbauch auf. Die Sonne geht nun in einem glühenden Rot ganz unter. Atmen Sie diese warmen roten Sonnenstrahlen tief in Ihr Becken und in Ihre Beine ein. Kommen Sie dann langsam wieder zurück ins Hier und Jetzt.

Nr. 41 Weisheitsflasche

GOLD ÜBER GOLD

»Ich erinnere mich daran, dass ich ein Wesen aus Licht bin.«

Eigenschaften: stärkt Vertrauen und löst Ängste auf; fördert die innere Zufriedenheit; macht innere Weisheit bewusst; bringt uns in Kontakt zum geistigen Licht; hilft Selbstzweifel, Schuldgefühle und Abhängigkeiten aufzulösen; stärkt die Lebensfreude; wärmt und erhellt; wirkt entgiftend und löst Blockaden im Solarplexusbereich.
Energiezentrum: Solarplexus.
Aufzutragen: um den gesamten Solarplexus herum.
Gedanken zu Nr. 41: Der Begriff »Gold« lässt uns automatisch über Materie nachdenken. Wie sind meine Wünsche diesbezüglich? Schränken Sie sich nicht ein, beurteilen Sie nicht. Ihr persönliches Ideal sollte es sein, sich an Dingen zu erfreuen, aber nicht Ihr Glück davon abhängig zu machen. All diese Dinge jederzeit loslassen zu können, das bedeutet wirkliche innere Freiheit. Unsere inneren Schätze, die innere Weisheit, können wir, im Gegensatz zur Materie, nie verlieren.

Heilmittel
Gold symbolisiert seit Menschengedenken Macht, Reichtum und Gesundheit. Aber erst die moderne Wissenschaft konnte Gold im Körper als wichtiges funktionsförderndes Spurenelement nachweisen. Heute werden in der Medizin goldhaltige Präparate bei rheumatischen Beschwerden eingesetzt.

Edelsteine und Edelsteinessenzen

Koralle ist Symbol für Lebenskraft; schützt und regt an; wirkt antidepressiv und harmonisierend.
Bernstein wirkt reinigend und ausgleichend auf das Verdauungssystem; wärmt und bringt Sonnenkraft in den Körper; stärkt die Lebensfreude.
Diamantessenz klärt und reinigt; schafft Verbindung zum höheren Selbst und zum Kosmos; schützt vor Negativität auf allen Ebenen; unterstützt Blase sowie Nieren und hilft bei Gleichgewichtsstörungen.

Aromaöle

Immortelle wirkt wärmend und erdend; ist sonnig; hilft nach innen zu schauen; beruhigt; regt Träume an und hilft innere Blockaden zu lösen.

Blütenessenzen

Bach-Blüten: Rescue, Star of Bethlehem.

Kauai-Flower-Essenzen: Spirit Connection hilft dabei, die geistige Führung zu spüren und zu wissen, dass man niemals alleine, sondern immer beschützt ist.

Orchideenessenzen: Channeling Orchid unterstützt die direkte Kommunikation mit der göttlichen Quelle; hilft bei der Übermittlung medialer Botschaften.

Bitte nehmen Sie die Blütenessenz Channeling Orchid nur zusammen mit der Diamantessenz ein.

Meditation »Tibet«

Sie reisen nach Tibet: Goldene Wärme umgibt Sie. Sie vernehmen von weitem Klangschalen, sich drehende Gebetsmühlen, den Duft heiliger Bergkräuter. Sie sitzen nun in einem tibetischen Kloster. Der Laut OM erfüllt den Raum, gesungen von vielen. Sie lassen Ihren Körper von diesem OM durchdringen, jede Zelle vibriert im OM. Sie spüren Ihre innere Verbindung zur ewigen geistigen Sonne, sie spüren ein goldenes Licht, das alles durchdringt. Sie spüren die innere Weisheit, die nichts und niemand zerstören kann und die Sie mitnehmen können – durch Zeit und Raum. Voller Dankbarkeit reisen Sie zurück ins Hier und Jetzt.

Nr. 42 Die Ernte

GELB ÜBER GELB

»Ich verbinde mich mit der überwältigenden Lebensfreude, die in jedem Moment von meinem Wesenskern ausstrahlt.«

Eigenschaften: ist nervenstärkend; klärt Gefühle; unterstützt den Intellekt; bringt Lebensfreude; löst Ängste auf; fördert die Selbsterkenntnis; stärkt den Lebensmut; wirkt antidepressiv; unterstützt Verdauungssystem und Leber; wirkt hautpflegend; ist heilend.
Energiezentrum: Solarplexus.
Aufzutragen: rund um den Bauch; intuitiv auf betroffene Stellen; auf beide Fußsohlen.
Gedanken zu Nr. 42: Dieses Öl ist im Winter sehr beliebt, um in uns das innere Licht und die innere Klarheit zu unterstützen.
Auch vor Prüfungen aller Art empfiehlt es sich, das Aura-Soma-Öl Nr. 42 anzuwenden: Es stärkt Ihre Nerven, lässt Sie Ruhe bewahren, fördert Ihre Konzentration und sorgt damit für eine optimale Prüfungsatmosphäre.

Gelber Stein
Zitrine sind in zwei Formen erhältlich: als natürlicher Zitrin, den man an seinem eher zurückhaltenden Gelb erkennen kann, und als aus Amethyst künstlich gebrannter Zitrin in strahlend gelben Farben.

Edelsteine und Edelsteinessenzen

Zitrin wärmt und spendet Energie; zieht materiellen Reichtum an; unterstützt die Verdauung; stärkt die Lebensfreude; balanciert die emotionale Ebene im Solarplexus aus.
Zitrinessenz gleicht Hirnhälften aus; ist gut für Leber, Galle und Milz; unterstützt den Verdauungsapparat; fördert Zärtlichkeit und Vertrauen.

Aromaöle

Mimose ist ein heiter stimmender gelber Duft; stärkt Leber und Galle; duftet wie ein warmer Frühlingsmorgen; wirkt inspirierend und anregend.

Zitrone erfrischt und fördert die Konzentration; stärkt das Gedächtnis und die Erinnerung; aktiviert und spendet Energie; hilft emotionale Schwierigkeiten klarer zu sehen; fördert die Lebensfreude.

Blütenessenzen

Bach-Blüten: Walnut, Sweet Chestnut.
Kauai-Flower-Essenzen: Playfullness hilft alles Schwere loszulassen; lädt zum spielerischen Erfahren ein.
Orchideenessenzen: Chocolate Orchid öffnet für Lebensfreude, bringt »Süße« ins Leben, fördert inneren Genuss; verbindet uns mit der geistigen Welt; lässt uns erkennen, was gut für uns ist und was nicht; eignet sich für Menschen, die sehr streng mit sich selbst sind. Bitte die Blütenessenz Chocolate Orchid nur zusammen mit Zitrinessenz einnehmen.

Meditation »Zitronenhain im Frühling«

Sie reisen im Frühling in einen Zitronenhain am Mittelmeer. Wärme und Vogelgezwitscher umgeben Sie. Der Zitronenhain ist erfüllt vom Duft der gelben Früchte, die inmitten glänzender, saftgrüner Blätter hängen.
Zwischen den Zitronenbäumen blühen Mimosen. Sie betrachten die kleinen leuchtend gelben Kugelblüten und atmen ihren warmen Duft ein.
Legen Sie sich in die Wiese, und genießen Sie den frühlingshaften Zitronengarten, nehmen Sie Wärme, Leichtigkeit und Lebensfreude tief in sich auf.

Nr. 43 Kreativität

TÜRKIS ÜBER TÜRKIS

»Ich öffne mich für den kreativen Fluss in mir und verbinde mich mit meinem tiefen inneren Wissen.«

Türkis
Nach der Farbenlehre Goethes zählt Türkis mit den Farben Koralle, Gold, Oliv, Indigo und Magenta zu den Tertiärfarben.

Eigenschaften: unterstützt sprachlichen Ausdruck; hilft Gefühle leichter auszudrücken; unterstützt Kreativität aller Art; stärkt Selbstwertgefühl; hilft intuitiv Wissen aufzunehmen; hilft bei Kristallarbeit; öffnet für neue Technologien und hilft dabei, mit vielen Menschen z. B. über Medien zu kommunizieren; unterstützt das Ananda-Kanda-Zentrum (das Chakra auf der rechten Körperseite in Herzhöhe).
Energiezentrum: Herzchakra.
Aufzutragen: um den gesamten Herz- und Halsbereich; auf beide Fußsohlen.
Gedanken zu Nr. 43: Kreativität ist für viele Menschen wie ein inneres Ventil, Gefühle auszudrücken, und hat damit einen hohen therapeutischen Stellenwert. Finden Sie Ihren individuellen kreativen Ausdruck, und vergessen Sie Ihren Perfektionsanspruch. Lassen Sie Ihren Erfolgsdruck los. Es gibt eine Vielzahl kreativer, faszinierender Möglichkeiten für jeden von uns!

Edelsteine und Edelsteinessenzen

Mondstein fördert die weiblichen, inspirativen, träumerischen Aspekte in uns; stärkt Selbstausdruck und Kreativität; hilft die Gefühle anderer und die eigenen zu verstehen.
Türkis gewährt Gesundheit und Schutz, vermittelt heilende Energien; ist intuitionsfördernd; wirkt entgiftend.
Mondsteinessenz unterstützt und entgiftet die Lymphe.
Türkisessenz wirkt unterstützend bei allen psychosomatischen Erkrankungen.

Aromaöle

Iris regt schöpferische Kräfte an; verstärkt die Intuition und die Liebe; harmonisiert; löst alte Blockaden.

Blütenessenzen

Bach-Blüten: Walnut, Rescue.

Kauai-Flower-Essenzen: Inspiration hilft selbstlimitierende Muster loszulassen und sich für höhere Inspiration und Ausdruck des inneren Potenzials zu öffnen.

Orchideenessenzen: Inspiration Orchid stärkt unsere Verbindung mit der Quelle; unterstützt Kreativität und Inspiration; hilft uns dabei, in Kommunikation und Harmonie mit dem Geistigen zu leben.

Bitte nehmen Sie die Blütenessenz Inspiration Orchid nur zusammen mit der Mondsteinessenz ein.

Kreativ-meditativer Vorschlag

Versuchen Sie, ein Bild ganz in Türkistönen zu malen. Malen Sie, ohne nachzudenken, lassen Sie die Formen, die aus Ihrem Unterbewusstsein aufsteigen, einfach aufs Papier fließen.

Betrachten Sie anschließend Ihr Bild, und schauen Sie, welche Gefühle Ihnen begegnen. Legen Sie das Bild in ein türkisfarbenes Mandala, das Sie mit türkisfarbenen Tüchern, Schalen, Türkisen oder Schmuck auf dem Boden kreieren.

Nr. 44 Der Schutzengel

HELLVIOLETT ÜBER HELLBLAU

»Ich verbinde mich mit dem tiefen inneren Wissen, dass ich in meinem Leben immer beschützt und getragen bin.«

Eigenschaften: fördert Kontakt mit höherem Selbst; entspannt; hilft innerlich loszulassen; stärkt inneren Frieden; schützt und unterstützt die Kommunikation; transformiert; fördert Bezug zur Engelwelt und die Inspiration; hilft alte emotionale Verletzungen aufzulösen; hilft Schultern, Nacken, Halsbereich zu entspannen.
Energiezentrum: Kehlkopfchakra und Kronenchakra.
Aufzutragen: um den Hals und rund um den Haaransatz; auf beide Fußsohlen.
Gedanken zu Nr. 44: Die Nr. 44 gibt uns das Gefühl eines schützenden Mantels. Wenn wir das Gefühl von Schutz, Beschütztsein haben, können wir leichter alte Muster und Belastungen innerlich loslassen. Inneres Loslassen und innerer Friede sind wiederum wichtige Voraussetzungen dafür, uns für Inspiration und Kontakt mit dem geistigen Bereich zu öffnen.

Helfende Wesen
Engel sind Wesen aus anderen Dimensionen, die den Menschen als Begleiter, Beschützer, geistige Führer und Lehrer dienen. Sie bieten ihre Dienste nur an, sie drängen sich nicht auf. Wenn wir ihre Hilfe in Anspruch nehmen wollen, dann erwarten Sie uns.

Edelsteine und Edelsteinessenzen

Blauer Turmalin wirkt entspannend und kommunikationsfördernd; löst im Solarplexus gestaute Emotionen.
Saphir ist Repräsentant für Himmels- und Engelwelten; unterstützt Schilddrüse und Lunge; wirkt antidepressiv, beruhigend, heilend und lindernd; unterstützt geistige Klarheit und Manifestationsfähigkeiten.
Blaue Turmalinessenz verbindet mit den Engelenergien; unterstützt Erkenntnis und Wissen; hilft bei Halsbeschwerden und Kehlkopfproblemen; unterstützt die Arbeit der Schilddrüse und der Lunge.

Aromaöle

Lavendel wirkt ausgleichend und entspannend; wirkt antidepressiv und beruhigend.

Iris harmonisiert; löst alte Blockaden; regt schöpferische Kräfte an; verstärkt Intuition und Liebe.

Blütenessenzen

Bach-Blüten: Olive, Rescue.

Kauai-Flower-Essenzen: Inspiration hilft selbstlimitierende Muster loszulassen und sich höherer Inspiration zu öffnen.

Orchideenessenzen: Angel Orchid vermittelt Leichtigkeit, Fröhlichkeit; stärkt Kommunikation; öffnet für die Kommunikation mit der Engelebene.

Bitte die Blütenessenz Angel Orchid nur zusammen mit der Blauen Turmalinessenz anwenden.

Kreativ-meditativer Vorschlag

Ich arbeite für mich gerne mit den Angel Cards, kleinen Engelkärtchen (in Esoterikläden erhältlich), auf denen jeweils ein kleiner Engel und dazu ein Begriff abgebildet sind. Die Karten werden umgedreht hingelegt. Dann zieht man intuitiv eine Karte, eventuell verbunden mit einer inneren Frage. Anschließend »hören« wir in die Zeichnung und den Begriff hinein, um zu erfahren, was uns diese mitteilen möchten.

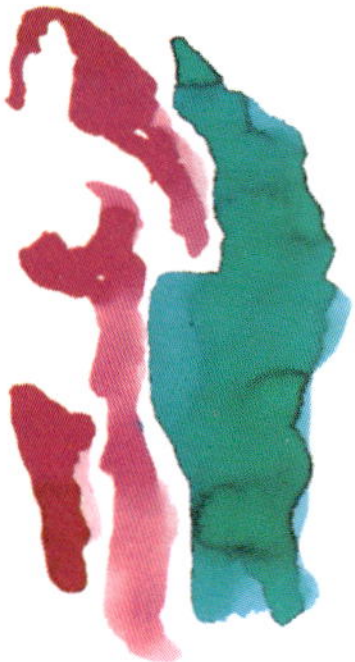

Nr. 45 Atem der Liebe

TÜRKIS ÜBER MAGENTA

»Ich erinnere mich daran, dass ich ein Geschöpf Gottes bin, und nehme meine Schönheit und meine Anmut wahr.«

Eigenschaften: stärkt die Selbstliebe; hilft dabei, gut zum eigenen Körper zu sein; weckt das Bedürfnis, Liebe zu geben und zu empfangen und fördert emotionalen und sexuellen Ausdruck; wirkt entspannend auf Gefühls- und Herzebene; bringt Liebe auf die Erde; öffnet die Augen für die kleinen Dinge des Alltags und für die schönen Dinge des Lebens, für Ästhetik; hilft Mitgefühl und bedingungslose Liebe zu empfinden.

Energiezentrum: Basischakra, Herzchakra, Kronenchakra.

Aufzutragen: bei Stress rund um den Körper in Herzhöhe; intuitiv am gesamten Körper.

Gedanken zu Nr. 45: Öl Nr. 45 kann dabei helfen, die eigene Schönheit zu erkennen, den eigenen Körper in all seinen Ausdrucksformen mehr und mehr anzunehmen und zu lieben. Dieser Aspekt ist ein wichtiger Bestandteil aller Therapien, die sich mit Essstörungen beschäftigen. Der »Atem der Liebe« kann uns helfen, tief verankerte Muster der Selbstaggression aufzugeben.

Selbstliebe

Entwickeln Sie für sich ein »Selbstliebeprogramm«. Spüren Sie in sich hinein, was Ihnen gut tut. Was könnten Sie für Ihren Körper, Ihre Schönheit tun? Mit welchen schönen Dingen möchten Sie sich umgeben? Wie möchten Sie Ihre Sinnlichkeit ausdrücken?

Edelsteine und Edelsteinessenzen

Rosenquarz stärkt die Selbstliebe; ist öffnend für alles Schöne (Kunst, Musik); heilt Emotionalkörper; hilft Emotionen loszulassen und sich selbst sowie anderen zu vergeben.

Rosenquarzessenz lässt uns unsere Ängste und Sorgen vergessen, »trocknet« unsere Tränen und umgibt uns mit einem Schutzmantel; unterstützt Herz, Leber, Nieren und Lunge; hilft bei Kreislaufstörungen.

Aromaöle

Ylang-Ylang ist ein weicher, süßer, erotischer Duft; entkrampft und euphorisiert.

Rose, die Königin der Blumen, harmonisiert das Herzzentrum, tröstet bei Verlust, Kummer und Trauer.

Blütenessenzen

Bach-Blüten: Star of Bethlehem, Rescue, Mimulus, Rock Rose.

Kauai-Flower-Essenzen: Love Essence hilft alte Ängste vor dem Öffnen des Herzzentrums loszulassen.

Orchideenessenzen: Heart Orchid fördert das »Sehen mit dem Herzen«.

Bitte nehmen Sie die Blütenessenz Heart Orchid nur zusammen mit Rosenquarzessenz ein.

Meditation »Tempel der Liebe und Schönheit«

Entspannen Sie sich, und reisen Sie dann in Ihrer Vorstellung in einen Tempel der Liebe und Schönheit. Genießen Sie die erotische Atmosphäre, Düfte, Blumen, Klänge und fließende, zarte Farben. Spüren Sie den liebevollen Austausch zwischen den Wesen dort, und öffnen Sie Ihr Herzzentrum für die Energie der fließenden Liebe. Kommen Sie langsam wieder zurück ins Hier und Jetzt.

Nr. 46 Der Wanderer

GRÜN ÜBER MAGENTA

»Ich verbinde mich bewusst mit der tiefen Liebe, die in jedem Moment in meinem Wesenskern strahlt und leuchtet.«

Herzenergie
Legen Sie einen Aventurin oder einen Wassermelonenturmalin auf Ihr Herzzentrum, während Sie meditieren. So kann die heilende Schwingung der Steine ganz leicht ihr Herz erreichen. Sie können diese Steine auch als Kette in Herzhöhe tragen.

Eigenschaften: stärkt die Liebe zur Natur und das Mitgefühl für alle Wesen in der Natur; stärkt die innere Kraft; gibt Hoffnung und Vertrauen; hilft das Herzzentrum zu öffnen und liebevoll die eigene Herzenswahrheit auszudrücken; fördert die Kreativität; steigert die Abwehr, wirkt heilend; hilft Süchte loszulassen.
Energiezentrum: Herzchakra, Basischakra, Kronenchakra.
Aufzutragen: rund um den Körper auf Höhe des Herzzentrums und um den Unterleib; auf beide Fußsohlen.
Gedanken zu Nr. 46: Das Öl Nr. 46 hilft dabei, unser Herz liebevoll der Natur gegenüber zu öffnen. Nutzen Sie jede Gelegenheit, hinauszugehen oder sich nur einfach mit dem Rücken an einen Baum zu lehnen und seine Kraft aufzunehmen. Jeder noch so kleine Stadtpark birgt auch im Alltag solche Gelegenheiten. Wenn wir daran denken, welch wundervolle Heilmittel uns die Natur schenkt, sollten wir ihr als Dank ganz viel Liebe und Bewusstheit entgegenbringen.

Edelsteine und Edelsteinessenzen

Aventurin entspannt und regeneriert; schenkt uns Erholung; unterstützt die Herzregeneration.
Wassermelonenturmalin wirkt heilend im Herzzentrum; löst alte Blockaden.
Wassermelonenturmalin-Essenz aktiviert die Selbstheilungskräfte; ist hilfreich bei allen Zellwachstumsstörungen und Stoffwechselbeschwerden.

Aromaöle

Tea Tree erfrischt; wirkt antiseptisch, wird deshalb gern bei Pilzbefall eingesetzt.

Wacholder wirkt kräftigend, aufbauend, reinigend, anregend. Bitte nicht in der Schwangerschaft anwenden!

Blütenessenzen

Bach-Blüten: Holly, Oak, Olive.

Kauai-Flower-Essenzen: Relationships hilft uns dabei, Muster von Furcht und Misstrauen loszulassen, um neue Beziehungen eingehen zu können.

Orchideenessenzen: Coordination Orchid regt Selbstheilungskräfte im Körper an; öffnet für heilende Kräfte.
Bitte diese Orchideenessenz nur zusammen mit der Wassermelonenturmalin-Essenz anwenden.

Meditation »Wanderung durch die Natur«

Sie reisen in ein sommerliches Tal mit grünen Wiesen und wunderschönen Bäumen. Sie wandern auf einem Feldweg langsam durch dieses Tal, atmen den frischen grünen Duft von Wiesenblumen ein und bewundern die schönen Bäume. Sie fühlen sich mehr und mehr als Bestandteil der Natur und öffnen Ihr Herz für die Wesen der Natur. Wärme und Vogelgezwitscher umgeben Sie. Sie spüren Liebe und Dankbarkeit für die Natur und ihre Schönheit. Sie strahlen diese Liebe mit jedem Ausatmen in die Sie umgebende Natur ab.

Nr. 47 Alte Seele

KÖNIGSBLAU ÜBER ZITRONENGELB

»Ich öffne mich für den gegenwärtigen Augenblick und bin mit allen meinen Sinnen ganz im Hier und Jetzt.«

Lernen
Die Bach-Blüte Chestnut Bud ist das Mittel für geistige Reife und Erfahrung. Sie hat sich vor allem bei Kindern mit Schulproblemen immer gut bewährt. Die Blüte vermittelt die Freude am Lernen und hilft Lernblockaden zu lösen.

Eigenschaften: wirkt angstauflösend; verbindet inneres Licht mit himmlischem Licht; hilft Entscheidungen aus dem Herzen zu treffen; unterstützt die Verbindung zum höheren Selbst und zu geistigen Ebenen; unterstützt die Wissensaufnahme; kräftigt und gibt Mut, Zuversicht und Vertrauen; gleicht die Gehirnhälften aus.
Energiezentrum: Solarplexus, Herzchakra und Stirnchakra.
Aufzutragen: rund um Bauch (in Solarplexushöhe) und Brustkorb (Herzhöhe); auf der Stirn und am Haaransatz.
Gedanken zu Nr. 47: Der Begriff »Alte Seele« meint, dass die Person, die diese Flasche favorisiert, schon sehr viel erlebt, sehr oft gelebt und einen gewissen spirituellen Entwicklungsstand erreicht hat. Doch wichtig ist einzig und allein, dass wir uns im Herzzentrum zentrieren. Die Farben von Öl Nr. 47 (Königsblau über Zitronengelb) ergeben, zusammen geschüttelt, Grün, die Farbe des Herzzentrums. Und nur von Herz zu Herz, ohne Vorurteil, ohne Hierarchie, ohne spirituelle Eitelkeit oder Überheblichkeit können wir einander begegnen und innerlich wachsen.

Edelsteine und Edelsteinessenzen

Lapislazuli fördert Innensicht und Hellsichtigkeit und aktiviert die Kraft des Geistes.
Zitrin wärmt, spendet Energie und schützt; balanciert die emotionale Ebene im Solarplexus aus; stärkt die Lebensfreude und unterstützt das Verdauungssystem.
Zitrinessenz schenkt Vertrauen und Zärtlichkeit.

Aromaöle

Zitrone erfrischt, fördert die Konzentration und stärkt das Gedächtnis; aktiviert und stärkt die Lebensfreude.

Wacholder kräftigt. Nicht bei Schwangerschaft anwenden!

Muskatellersalbei wirkt euphorisierend und belebend; wärmt, vitalisiert und entspannt gleichzeitig.

Blütenessenzen

Bach-Blüten: Chestnut Bud.

Kauai-Flower-Essenzen: Will Power öffnet für geistige Klarheit; hilft dabei, alte Muster loslassen zu können.

Orchideenessenzen: Chocolate Orchid erleichtert die Verbindung mit der geistigen Welt; öffnet für Lebensfreude und Genuss; hilft das Hier und Jetzt zu genießen.
Bitte diese Essenz zusammen mit Zitrinessenz verwenden.

Meditation »Verbindung mit den Sternen«

Sehen Sie vor Ihrem »inneren Auge« einen wunderschönen klaren Bergkristall, so groß wie ein Haus. Sie finden eine Türe und betreten ihn. Im Innenraum des Bergkristalls umgibt Sie klare, frische und doch angenehm warme Kristallluft. Sie finden eine goldene Wendeltreppe. Sie gehen diese Treppe hinauf, bis zur Spitze des Bergkristalls. Sie sehen dort eine Türe, die sich öffnet und den Blick auf einen tiefblauen Nachthimmel mit leuchtenden Sternen freigibt. Sie können dort sitzen, meditieren und Kontakt mit den Sternen aufnehmen. Gehen Sie danach die Wendeltreppe hinunter und aus dem Kristall hinaus.

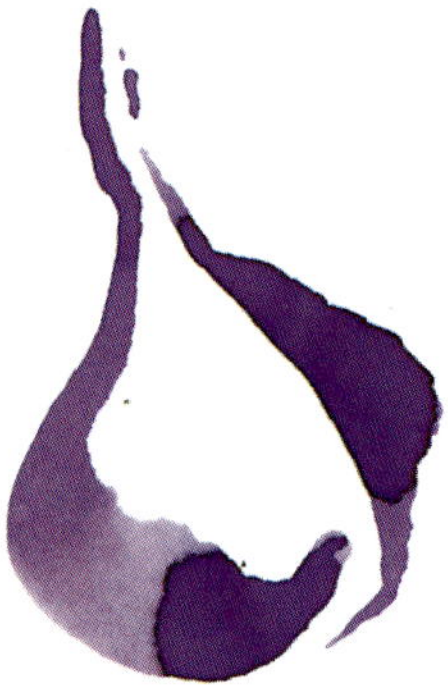

Nr. 48 Flügel der Heilung

VIOLETT ÜBER KLAR

»Ich verbinde mich mit dem tiefen inneren Wissen, das mir in jedem Augenblick zur Verfügung steht.«

Meditationsfördernd
Amethyst eignet sich gut zum Meditieren. Ein Amethyst, über das Kronenzentrum gelegt, lässt Sie tief entspannen und intensiv meditieren.

Eigenschaften: wirkt klärend, reinigend, entgiftend; verhilft zur spirituellen Klarheit, transformiert; fördert den klaren Ausdruck spirituellen Wissens; hilft die persönliche Lebensaufgabe zu verstehen.
Energiezentrum: Kronenchakra.
Aufzutragen: am Haaransatz; intuitiv am gesamten Körper.
Gedanken zu Nr. 48: Es gibt so etwas wie »spirituelle Verwirrung«. Dieses Gefühl tritt manchmal bei Menschen auf, die in sehr kurzer Zeit sehr viele Bücher verschiedener Geistesrichtungen gelesen oder sehr viele Seminare bei verschiedenen Lehrern besucht haben.
Wichtig ist hier, zu ordnen, zu klären, zu fragen: Was stimmt für mich? Was stimmt nicht? Was ist mein Ziel? Beantworten können Sie diese Fragen nur selbst, in Kontakt mit Ihrem Herzen. Lassen Sie sich nicht von der Meinung anderer irritieren.

Edelsteine und Edelsteinessenzen

Amethyst beruhigt und schenkt Vertrauen; fördert tiefen inneren Frieden und Ruhe; hilft beim Erkennen des großen Ganzen; inspiriert und klärt; ist meditationsfördernd.

Bergkristall reinigt und entgiftet; ordnet die aufgenommenen Energien; schützt das Energiefeld; bringt uns in Kontakt zu unserem höheren Selbst.

Bergkristallessenz schafft mentale Ordnung, schützt unsere Aura; verbindet mit dem höheren Selbst; stimuliert Drüsen, Herz und Lunge.

Aromaöle

Lavendel wirkt stimmungsausgleichend und entspannend, vor allem im Kopfbereich; steigert die Abwehr; wirkt schmerzstillend und antiseptisch.

Blütenessenzen

Bach-Blüten: Crab Apple, Rescue.
Kauai-Flower-Essenzen: Clearing Negativity klärt negative Einflüsse auf allen Ebenen des Körpers; befreit.
Addiction De-Tox wirkt besonders klärend und reinigend bei vergiftenden Einflüssen auf der Körperebene (auch Drogen).
Orchideenessenzen: Higher Self Orchid unterstützt unsere Verbindung zum höheren Selbst; erweitert unsere Perspektive. Bitte verwenden Sie die Blütenessenz Higher Self Orchid nur zusammen mit der Bergkristallessenz.

Meditation »Violette Flamme der Reinigung«

Sie visualisieren sich eine leuchtend violett-silbrige Flamme, die größer und größer wird, bis sie Sie bei weitem überragt. Die violett-silbrige Flamme hat eine angenehme Temperatur. Sie gehen direkt in diese Flamme hinein und spüren, wie sie violett-silbrig durch Ihren Körper fließt und all das, was an Giftstoffen und Belastungen in Ihrem Körper sein mag, wegspült. Sie atmen tief und bewusst die Flamme in Ihren Körper, in jede Zelle ein. Sie bleiben so lange im Lichtstrom, wie Sie möchten. Dann treten Sie wieder hinaus, danken für die Reinigung; die Flamme wird kleiner und verschwindet.

Nr. 49 Neuer Bote

TÜRKIS ÜBER VIOLETT

»Ich verbinde mich mit meiner Herzenswahrheit und drücke sie leicht und voller Freude aus.«

Eigenschaften: hilft Spiritualität mit Kreativität zu verbinden; unterstützt Leichtigkeit und Flexibilität; fördert den Gefühlsausdruck; lässt uns Erkenntnisse liebevoll vermitteln; fördert die Arbeit in den Massenmedien; öffnet für Veränderungen und neue Ideen; unterstützt sprachliche Fähigkeiten; entspannt Schulter- und Nackenbereich.
Energiezentrum: Herzchakra, Kronenchakra und Kehlkopfchakra.
Aufzutragen: rund um den Brustkorb in Höhe des Herzzentrums; rund um Hals und Nacken; rund um den Haaransatz.
Gedanken zu Nr. 49: Wenn Sie die Qualitäten des Öls Türkis über Violett erkunden wollen, beobachten Sie einfach Kinder. Kinder drücken spontan ihre Gefühle aus, sind jederzeit offen für Neues, experimentieren mit Leichtigkeit sowie Freude und haben oft erstaunliche Ideen. Kinder leben ihre Kreativität einfach aus – solange ihnen dies von ihrer Umwelt gestattet wird. Lassen Sie sich von dieser Energie anstecken!

Verjüngung
Aquamarin, ein sehr klarer Stein, unterstützt in der Meditation vor allem unser Kehlkopfchakra. Seine Schwingung hat verjüngende und regenerierende Wirkung.

Edelsteine und Edelsteinessenzen

Aquamarin löst Blockaden; reinigt und klärt, besonders im Hals- und Kopfbereich; unterstützt sprachliche Fähigkeiten und den Gefühlsausdruck; stärkt Selbstsicherheit und Selbstbewusstsein.

Aquamarinessenz ist hilfreich bei Problemen mit den Stimmbändern; entgiftet Leber, Nieren und Lymphe; wirkt heilend bei allen allergischen Beschwerden.

Aromaöle

Ysop besänftigt Emotionen; macht wach und kreativ; fördert die Inspiration und die Konzentration. Nicht bei Epilepsieneigung, Schwangerschaft und Bluthochdruck anwenden!

Blütenessenzen

Bach-Blüten: Sweet Chestnut, Hornbeam.

Kauai-Flower-Essenzen: Inspiration hilft selbstbegrenzende Muster loszulassen.

Orchideenessenzen: Amazonas-Flusspräparat.

Äußerlich anwenden: Träufeln Sie ein wenig von der Essenz auf zwei Wattestäbchen, und massieren Sie damit die Ohrmuscheln außen ein. Die Essenz löst Blockaden und regt den Energiefluss in der Wirbelsäule an.

Bitte nur zusammen mit der Aquamarinessenz verwenden.

Meditation
»Der große Fluss«

Sehen Sie sich in einem kleinen Boot einen wunderschönen Fluss mit türkisfarbenem Wasser hinuntergleiten. Sie fühlen sich getragen, atmen frische, klare und doch warme Luft ein. An den Ufern sehen Sie üppige, schöne Blumen und Bäume. Sie lassen sich treiben, genießen den Fluss und spüren auch in sich den Fluss des Lebens und der Gefühle. Sie fühlen sich leicht, froh und nehmen gerne die immer neuen Uferbilder in sich auf. Sie beginnen, Ihre Eindrücke in innere Töne und Farben umzuwandeln.

Nach der Meditation malen Sie die Flusseindrücke spontan auf ein großes Blatt Papier.

Nr. 50 El Morya, Meisterflasche

HELLBLAU ÜBER HELLBLAU

»Ich öffne mich vertrauensvoll für den höheren Willen und überlasse mich ganz dieser Führung.«

Eigenschaften: stärkt Vertrauen; hilft loszulassen; unterstützt sprachliche Fähigkeiten; hilft echte Hingabe zu lernen, sich auf das Göttliche einzustellen und zu sagen: Dein Wille geschehe. Hilft dabei, sich selbst und anderen zu vergeben; bringt uns mit tiefem, innerem Frieden in Kontakt; schützt und entspannt auf allen Ebenen; balanciert Schilddrüse und Hals aus.
Energiezentrum: Kehlkopfchakra.
Aufzutragen: rund um den Hals herum; auf beide Fußsohlen.
Gedanken zu Nr. 50: Schmerz entsteht durch Widerstand. Wenn wir es schaffen, mehr und mehr durchlässig zu werden und uns zu sagen: Ich tue, was mir nach bestem Wissen möglich ist, und lasse den höheren Willen geschehen – dann können wir tiefen inneren Frieden und tiefe Entspannung genießen. Die Meisterflasche El Morya hilft uns bei diesem Prozess.
Falls wir uns gegen den Fluss des Lebens auflehnen, entsteht Spannung, Druck, Stress und Schmerz, wenn die Dinge andere Formen als geplant annehmen.

Stein für Schüchterne
Tragen Sie eine Chalzedonkette, wenn Sie mit Ihrer Stimme Probleme haben. Aber auch wenn Ihnen die Kommunikation mit anderen schwer fällt.

Edelsteine und Edelsteinessenzen

Blauer Turmalin löst im Solarplexus gestaute Emotionen; entspannt; ist kommunikationsfördernd; unterstützt Schilddrüse und Lunge.
Chalzedon fördert Kommunikationsfähigkeit und sprachlichen Ausdruck; steigert Kreativität und Inspiration.
Blaue Turmalinessenz verbindet mit den Engelsenergien.

Aromaöle

Lavendel wirkt ausgleichend und entspannend; ist schmerzstillend und antiseptisch.

Iris harmonisiert, löst alte Blockaden; regt schöpferische Kräfte an; verstärkt Intuition und Liebe.

Blütenessenzen

Bach-Blüten: Holly, Cherry Plum, Pine.

Kauai-Flower-Essenzen: Tranquility hilft ruhig zu werden und den inneren Frieden einzuladen.

Orchideenessenzen: Angel Orchid vermittelt Leichtigkeit, Fröhlichkeit; öffnet und fördert die Kommunikation mit der Engelebene.

Bitte verwenden Sie Angel Orchid nur zusammen mit der Blauen Turmalinessenz.

Meditation »Hellblauer Bergbach«

Legen Sie das Öl Nr. 50 auf Ihr Stirnzentrum. Sie entspannen sich, Ihre Gedanken kommen zur Ruhe. Sie sehen einen lichtdurchfluteten Wald vor sich, gehen einen Waldweg an einem klaren, hellblauen Bergbach entlang. Sie folgen dem Bachlauf und kommen schließlich zu einer Quelle. Sie spüren die friedvolle, heilige Atmosphäre, setzen sich auf einen weich bemoosten Stein und blicken ins klare, hellblaue Wasser. Alle sorgenvollen Gedanken, alle inneren Spannungen geben Sie in dieses fließende Wasser und fühlen sich freier und voller Vertrauen.

Nr. 51 Kuthumi, Meisterflasche

HELLGELB ÜBER HELLGELB

»Ich spüre die freudige Verbundenheit mit allem, was ist, tief in mir.«

Eigenschaften: unterstützt die klare Sicht und den Intellekt; erhellt alle Ebenen unseres Lebens; stärkt die Lebensfreude; öffnet für Mitgefühl und Liebe allen Wesen gegenüber; löst Ängste und stärkt die Nerven; entspannt Solarplexuszentrum; unterstützt die Verdauung; ist hilfreich und heilend bei Hautproblemen.
Energiezentrum: Solarplexus.
Aufzutragen: rund um den Solarplexus und auf die betroffenen Hautstellen.
Gedanken zu Nr. 51: Beim Meditieren und Kraftschöpfen in der Natur hilft uns das Öl Nr. 51 und mit ihm die Quintessenz Kuthumi, dass wir mehr vom Geist der Natur und von ihrem Wesen erspüren.
Öffnen wir unser Herz für alles, was uns Mutter Natur mitzuteilen hat; nehmen wir alles dankbar an, was sie uns zur Verfügung stellt; und begreifen wir, dass wir ein Teil von ihr sind.

Gegen Ängste
Die Bach-Blüte Aspen ist die Blüte für Menschen, die von unangenehmen Ahnungen oder unbestimmten Ängsten geplagt sind. Die Blüte hilft diesen Menschen dabei, ihre Ahnungen als Teil ihres Unterbewusstseins anzunehmen und damit bewusster umzugehen.

Edelsteine und Edelsteinessenzen

Zitrin wärmt und spendet Energie; unterstützt die Verdauung auf allen Ebenen; schützt; balanciert die emotionale Ebene im Solarplexus aus; stärkt die Lebensfreude; stärkt unsere Konzentrationsfähigkeit; hilft bei Depressionen und wenn die Welt grau in grau erscheint.

Zitrinessenz weckt Vertrauen und schenkt uns Zärtlichkeit; unterstützt alle Verdauungsorgane; gleicht die Hirnhälften aus; ist hilfreich bei allen Beschwerden im Leber-Galle-Trakt, bei Diabetes und Verdauungsproblemen.

Aromaöle

Lemongrass erfrischt und regt geistig an; wirkt konzentrationsfördernd; entspannt den Magen.

Blütenessenzen

Bach-Blüten: Aspen, Rescue.
Kauai-Flower-Essenzen: Playfullness vermittelt Leichtigkeit und stärkt die Lebensfreude; veranlasst uns, spielerische Qualitäten ins Leben einzuladen.
Orchideenessenzen: Fun Orchid steigert Humor und Lebensfreude, wirkt antidepressiv und entspannend; unterstützt unser »inneres Kind«; eignet sich für alle Therapien, die mit dem »inneren Kind« arbeiten.
Bitte nehmen Sie die Blütenessenz Fun Orchid nur zusammen mit Zitrinessenz ein.

Meditation
»Im Reich der Natur«

Atmen Sie hellgelbes Sonnenlicht in Ihrer Vorstellung mit jedem Atemzug durch Ihr Kronenzentrum ein, die verbrauchte Luft mühelos aus. Sie sehen nun eine wunderschöne Landschaft im frühlingshaften Italien. Alles blüht üppig, warmer Wind umweht Sie, es duftet ringsherum. Sie wandern durch diese Landschaft. Rasten Sie auf einer Blumenwiese, und träumen Sie von einer Welt, in der sich alle Wesen in Frieden, Liebe und Achtung begegnen. Sie sehen den Mann, der einst in Italien lebte und mit allen Wesen sprechen konnte: Franz von Assisi. Verbinden Sie sich mit seiner Energie.

Nr. 52 Lady Nada

BLASSPINK ÜBER BLASSPINK

»Ich verbinde mich mit der bedingungslosen Liebe, die in jedem Augenblick tief in mir strahlt und leuchtet.«

Eigenschaften: stärkt die Selbstliebe; öffnet für die bedingungslose Liebe und für das Christusbewusstsein; hilft Liebe leichter fließen zu lassen, zu geben und zu nehmen; bringt innere weibliche und männliche Anteile in Harmonie; öffnet für Schönheit und Musik; unterstützt fürsorgliche und praktische Qualitäten; stärkt die Konzentrationsfähigkeit; unterstützt das Hormonsystem.
Energiezentrum: Basischakra, Herzchakra, Kronenchakra.
Aufzutragen: rund um den Unterleib; rund um den Brustkorb in Herzhöhe; an den Schläfen, am Haaransatz und auf die Ohrmuscheln; auf beide Fußsohlen.
Gedanken zu Nr. 52: Lady Nada, Blasspink über Blasspink, hilft uns auch dabei, alte gestaute Aggressionen, Emotionen, Wut ins Fließen zu bringen, abfließen zu lassen – im Strom bedingungsloser Liebe.
Hier noch ein Geheimtip, wenn Sie mit einem Menschen Probleme haben: Stellen Sie sich auf die Farbe Rosa ein, und umhüllen Sie sich und den anderen mit rosafarbenem Licht. Üben Sie dies öfter am Tag, und beobachten Sie, was passiert …

Für das Herz
Rosenquarz ist der Stein fürs Herz. Legen Sie sich einen Rosenquarz aufs Herzzentrum, oder kleben Sie ihn ggf. fest. Als Kette getragen, kann seine sanfte und beschützende Wirkung immer und überall gespürt werden.

Edelsteine und Edelsteinessenzen

Rosenquarz stärkt die Selbstliebe; öffnet für alles Schöne (Kunst, Musik); heilt den Emotionalkörper; hilft Emotionen loszulassen und zu vergeben.
Rosenquarzessenz öffnet das Herzchakra; umgibt uns mit Schutz und Sanftmut.

Aromaöle

Rose, die Königin der Blumen, harmonisiert das Herzzentrum; tröstet bei Verlust, Kummer und Trauer.

Rosengeranie hat einen blumigen, rosigen Duft; wirkt aufmunternd, hormonell ausgleichend und beruhigend.

Blütenessenzen

Bach-Blüten: Star of Bethlehem, Holly.

Kauai-Flower-Essenzen: Divine Love stärkt das Vertrauen in göttliche Liebe, um göttliche Liebe annehmen und ausstrahlen zu können.

Orchideenessenzen: Heart Orchid fördert »das Sehen mit dem Herzen«.

Bitte nehmen Sie die Blütenessenz Heart Orchid nur zusammen mit Rosenquarzessenz ein.

Meditation »Rosengarten in Israel«

Sie reisen ins alte Israel, in ein kleines Dorf. Die Menschen dort leben einfach und sind der Liebe und Schönheit sehr verbunden. Sie pflegen den Kontakt zur geistigen Welt, zu den Engeln. Folgen Sie einer schönen jungen Frau mit langem dunklem Haar und in einem roséfarbenen Leinengewand zum Rosengarten des Dorfes. Sie legen sich nun, wie auch die Frau, flach auf den Boden, die Arme weit ausgebreitet. Sie atmen Rosenduft und Liebe ein und schenken der Erde mit jedem Atemzug rosa Licht aus Ihrem Herzen.

Nr. 53 Hilarion, Meisterflasche

HELLGRÜN ÜBER HELLGRÜN

»Ich verbinde mich mit der tiefen inneren Wahrheit in meinem Herzen.«

Eigenschaften: wirkt heilend, öffnend und entspannend; unterstützt die Inspiration; lässt uns die eigene Herzenswahrheit erkennen; hilft die Ruhe und Stille im eigenen Raum zu spüren; verbindet tief mit der Natur; wirkt angstauflösend und herzbefreiend; klärt und unterstützt die Selbsterkenntnis; harmonisiert den Körper und unterstützt ein neues Körpergefühl.
Energiezentrum: Herzchakra.
Aufzutragen: rund um den Brustkorb in Herzhöhe.
Gedanken zu Nr. 53: Die Meisterflasche Hilarion kann uns dabei helfen, den eigenen Lebensweg aus der Sicht des Herzens klarer zu erkennen. Was ist mir wichtig? Wofür möchte ich meine Energie einsetzen? Was beengt meinen inneren Raum, was wirkt der inneren Ruhe und Stille entgegen?
Über diese Fragen können wir in der Zeit während unserer Arbeit mit dem Öl Nr. 53 nachdenken, bis hin zum Erkennen des eigenen geistigen Weges.

Vorsicht mit Minzöl
Sollten Sie sich in homöopathischer Behandlung befinden, vermeiden Sie bitte Minzöl, da es die Mittel unwirksam machen kann. Halten Sie eventuell Rücksprache mit Ihrem Homöopathen.

Edelsteine und Edelsteinessenzen

Malachit heilt, transformiert und holt unterbewusste Strukturen ans Licht; wirkt ausgleichend und entgiftend.

Bergkristall wirkt klärend, reinigend und entgiftend; harmonisiert; hilft den Kontakt zum höheren Selbst zu stärken.

Bergkristallessenz schafft mentale Ordnung und schützt unsere Aura.

Malachitessenz ist hilfreich bei allen entzündlichen und rheumatischen Erkrankungen.

Aromaöle

Zeder wirkt beruhigend; ist schleimlösend und harmonisierend für die Atemwege. Nicht bei Schwangerschaft anwenden!
Minze wirkt erfrischend und konzentrationsfördernd; klärt den Kopfbereich; hat antiseptische Wirkung.

Blütenessenzen

Bach-Blüten: Heather, Scleranthus, Crab Apple.
Kauai-Flower-Essenzen: Meditation lässt Gedankenstille einkehren und öffnet für ruhige und friedvolle Energien.
Orchideenessenzen: Higher Self Orchid verbindet uns mit unserem höheren Selbst, verhilft uns zum Kontakt mit der geistigen Welt; verbindet uns mit der göttlichen Liebe.
Nehmen Sie bitte die Orchideenessenz Higher Self Orchid nur zusammen mit der Bergkristallessenz ein.

Meditation »Klause im Wald«

Sie gehen durch einen sommerlichen Mischwald. Sonnenstrahlen schimmern durch die hellgrünen Buchenblätter. Sie gehen ganz achtsam Ihren Weg. Sie erreichen nun eine kleine Einsiedlerklause aus Natursteinen. Die Tür ist offen, Sie betreten das Haus. Der Raum wartet auf Sie. Die Wände sind weiß gekalkt; ein Tisch, ein Stuhl, ein Bett befinden sich hier. Sie legen sich auf das Bett und sinken sofort in eine tiefe Entspannung. Frische Waldluft umgibt Sie. Sie spüren eine innere Führung. Sie sind offen, so dass sich Ihnen Ihre Herzenswahrheit in Bildern, Worten oder Symbolen mitteilt.

Nr. 54 Serapis Bey, Meisterflasche

KLAR ÜBER KLAR

»Ich verbinde mich mit der tiefen inneren Klarheit, die mir in jedem Augenblick zur Verfügung steht.«

Fastenhilfe

Die Aura-Soma-Flasche Serapis Bey hat sich als unterstützende Maßnahme bei allen Fastenkuren bewährt. Sie hilft dem Körper auf sämtlichen Ebenen bei seinen Entgiftungs- und Reinigungsprozessen.

Eigenschaften: wirkt klärend und reinigend auf allen Ebenen; harmonisiert das gesamte Chakrasystem; hilft loszulassen; stärkt das innere Licht und die innere Erkenntnis; unterstützt bei tiefen Prozessen, bei psychotherapeutischen Behandlungen.

Energiezentrum: alle Chakren.

Aufzutragen: intuitiv am ganzen Körper.

Gedanken zu Nr. 54: Die »Farbe« Klar birgt alle Farben, das gesamte Regenbogenspektrum in sich. Wenn wir »klar« sind, haben wir die Möglichkeit, voller Freude in jede Farbenergie, in jede Chakraenergie einzutauchen und dort aktiv zu sein.

Menschen, die den Regenbogen in sich erweckt haben, nannte Vicky Wall Regenbogenkrieger (Rainbow Warrior). Wenn wir den Regenbogen in uns aktiviert haben, fällt es uns leichter, uns vorurteilsfrei und liebevoll in jedes Wesen hineinzufühlen. Unser Gegenüber fühlt sich dann automatisch so angenommen, wie es ist. Diese Qualität und Schwingung des Öls Nr. 54 ist besonders wichtig für Therapeuten aller Art.

Edelsteine und Edelsteinessenzen

Bergkristall wirkt klärend, reinigend und entgiftend; harmonisiert; hilft den Kontakt zum höheren Selbst zu stärken.
Bergkristallessenz schafft mentale Ordnung; schützt und stärkt unsere Aura.

Aromaöle

Rosmarin wirkt nervenstärkend, klärend, herzstärkend und antiseptisch. Nicht bei Bluthochdruck und während der Schwangerschaft anwenden!

Blütenessenzen

Bach-Blüten: Rescue, Oak, Olive, Crab Apple.
Kauai-Flower-Essenzen: Addiction De-tox reinigt von vergiftenden Substanzen aller Art (Nikotin, Medikamente, Drogen); Clearing Negativity klärt negative Erfahrungen und Muster auf Gedanken-, Gefühls- und spiritueller Ebene.
Orchideenessenzen: Higher Self Orchid verbindet uns mit unserem höheren Selbst; hilft unsere Perspektive zu erweitern, um mit der geistigen Welt in Kontakt treten zu können. Bitte nur zusammen mit Bergkristallessenz einnehmen.

»Bergkristall«

Wandern Sie einen Bergweg entlang, und atmen Sie frische, klare Luft ein. Sie sehen plötzlich hinter dem Bergkamm ein kleines Tal, in dem Tausende von Bergkristallen wachsen. Sie funkeln in allen Regenbogenfarben. Bergkristalllicht durchflutet Ihren Körper von allen Seiten, Ihre Zellen vibrieren, Sie spüren, dass Ihr Körper selbst Licht ist. Sie schließen die Augen und spüren, wie regenbogenfarbige Lichtspiralen von der Sonne hinunter zu den Bergkristallen fließen – und von den Bergkristallen wieder zur Sonne.

Nr. 55 Der Christus, Meisterflasche

KLAR ÜBER ROT

»Ich erinnere mich daran, dass ich ein Wesen aus Licht bin. Ich lasse mein Licht strahlen und liebevoll weiterfließen.«

Eigenschaften: umhüllt uns mit Liebe; nimmt uns die Angst, allein zu sein; hilft alte Emotionen zu transformieren; hilft in bedingungsloser Liebe zu leben; stärkt die Selbstliebe; vitalisiert; regt die Kundalini-Energie an; öffnet für neue Energien im Leben; unterstützt die spirituelle Transformation und begleitet den Einweihungsweg; hilft dabei, sich aus der Dualität in die Einheit zu begeben.
Energiezentrum: Basischakra.
Aufzutragen: auf den gesamten Unterbauch; auf beide Fußsohlen.
Gedanken zu Nr. 55: Mit diesem Öl ist nicht der historische Jesus Christus gemeint, auch wenn dieser einen Teil des Christusbewusstseins verkörperte. Das Christusbewusstsein ist eine Energie, mit der sich jeder – egal, welcher Religion er angehört – verbinden kann. Die Qualitäten vom Aufnehmen und vom liebevollen Weiterfließenlassen des Lichts sind in diesem Öl enthalten. Das intensive Rot des unteren Teils birgt starke, die Kundalini-Kraft anregende, vitalisierende, erdende Energien.

Weiße Lilien
Tun Sie etwas für die Atmosphäre in Ihrer Wohnung: Kaufen Sie sich einen großen Strauß weißer Lilien (die Lilie gilt als Christusblume), und stecken Sie einzelne rosafarbene oder rote Rosen dazu. Genießen Sie den Duft in Ihrem Raum.

Edelsteine und Edelsteinessenzen

Bergkristall klärt, reinigt, entgiftet; harmonisiert und hilft den Kontakt zum höheren Selbst zu stärken.
Rubin stärkt körperliche und geistig-spirituelle Liebe.
Rubinessenz sorgt für Vitalität; stärkt die Fortpflanzungsorgane und löst Emotionsstauungen.

Aromaöle
Rose, Königin der Blumen, harmonisiert das Herzzentrum.
Rosengeranie wirkt beruhigend und ausgleichend auf den Hormonhaushalt.

Blütenessenzen
Bach-Blüten: Star of Bethlehem, Rescue.
Kauai-Flower-Essenzen: Inspiration hilft selbstbegrenzende Muster loszulassen und sich selbst für höhere Inspiration und Ausdruck des inneren Potenzials zu öffnen.
Orchideenessenzen: Victoria Regia regt den Energiefluss im gesamten Körper an; aktiviert die Kundalini-Energie und steigert die körpereigene Schwingung.
Bitte verwenden Sie die Blütenessenz Victoria Regia nur zusammen mit der Rubinessenz.

Meditation im Alltag
Versuchen Sie, Ihren inneren göttlichen Lichtkern zu erkennen. Er leuchtet in vielen Farben! Konzentrieren Sie sich im Alltag auf Menschen, die Ihnen begegnen (am Arbeitsplatz, in der U-Bahn etc.), spüren Sie ihren Lichtkern, und freuen Sie sich an dessen Schönheit.

»Das Licht kommt auf die Erde«

Sie sehen unseren Planeten Erde vom Weltraum aus. Er wirkt wunderschön und zart. Sie empfinden eine große Liebe zu ihm. Sie sehen nun, wie ein riesengroßes Lichtkreuz vor Ihren Augen entsteht – aus weißem, strahlendem Licht. Dort, wo sich die beiden Achsen des Kreuzes treffen, entsteht eine wunderschöne rosa Rose, die rosafarbene und goldene Strahlen aussendet. Das Licht des Kreuzes und das rosa-goldene Licht der Rose fließen nun wie ein warmer Lichtregen hinunter auf die Erde. Sie stellen sich mitten in diesen Lichtregen hinein und lassen sich sanft durchspülen. Sie spüren ein Abbild des Kreuzes nun in Ihrem Körper. Sie stehen aufrecht, die Arme waagrecht ausgestreckt. Atmen Sie durch Ihr Scheitelzentrum weißes Licht ein und durch Ihre Beine in den Boden aus. Atmen Sie durch Ihren linken Arm weißes Licht ein und durch Ihren rechten Arm aus. Wiederholen Sie dies einige Male, Sie bilden auf diese Weise ein Lichtkreuz. Nun atmen Sie wieder weißes Licht durchs Scheitelzentrum ein, verwandeln es in Ihrem Herzzentrum in rosa-goldenes Licht und atmen dieses Licht nach vorne aus dem Herzzentrum aus. Während dieser Atmung sehen Sie eine wunderschöne rosa-goldene Rose in Ihrem Herzen. Diese Rose öffnet sich nach vorne. Jedes Mal, wenn Sie ausatmen, lassen Sie liebevolle Energie ausströmen. Zu den Menschen, die Ihnen nahe stehen, zu den Menschen, die Sie noch nicht kennen, zu allen Wesen auf unserem Planeten Erde – in das Reich der Natur hinein. Nun spüren Sie die rosa-goldene Rose in Ihrem Herzen. Dieses intensive Schutzzeichen, um das Sie, wenn Sie möchten, noch einen Lichtkreis legen können, können Sie jederzeit aktivieren. Es verbindet uns in Liebe mit den Dimensionen jenseits von Zeit und Raum.

Nr. 56 St. Germain, Meisterflasche

HELLVIOLETT ÜBER HELLVIOLETT

»Ich bin …«

Eigenschaften: wirkt befreiend und reinigend auf allen Ebenen; transformiert; hilft Heilern bei ihrer Arbeit; erleichtert Verständnis für Alchemie, Spagirik, weiße Magie; hilft Naturkräfte tiefer zu verstehen; öffnet für die bedingungslose Liebe; hilft alte Verhaltensmuster loszulassen; fördert die Intuition und Sensibilität; öffnet für neue Eindrücke; hilft spirituelle Gesamtzusammenhänge, die über die einzelnen Religionsrichtungen und die Erde hinausgehen, zu erkennen; hilft bei Reisen auf allen Ebenen.
Energiezentrum: Kronenchakra.
Aufzutragen: am Haaransatz; auf Fußsohlen; intuitiv dort, wo Sie sich Reinigung und Transformation wünschen.
Gedanken zu Nr. 56: Das Öl Hellviolett über Hellviolett hilft uns im Reinigungs- und Transformationsprozess und auch dabei, klarer zu werden. St. Germain zeigt uns, wie wichtig es ist, bewusst mit jedem Gedanken, Gefühl und Wort umzugehen und sich über deren Wirkungen klar zu werden. Es hilft Heilern und geistigen Arbeitern bei ihrer inneren Entwicklung und schult sie, mit sich selbst immer wieder Zwiesprache zu halten und zu fragen: Was ist das wahre Motiv für meinen Beruf?

Pflanzenseele
Spagirik ist ein Prozess, bei dem die Seele der Pflanzen nach einer Umwandlung – einer Reinigung durch die Elemente Feuer, Wasser, Luft, Erde – neu zusammengesetzt wird und auf einer höheren, intensiveren Ebene wirkt.

Edelsteine und Edelsteinessenzen

Amethyst beruhigt und gibt Vertrauen; fördert tiefen inneren Frieden; hilft beim Erkennen des großen Ganzen.
Amethystessenz wirkt entspannend und ausgleichend; stärkt die endokrinen Drüsen und das Nervensystem.

Aromaöle

Lavendel wirkt stimmungsausgleichend und entspannend, besonders im Kopfbereich; steigert die Abwehr.

Blütenessenzen

Bach-Blüten: Crab Apple, Wild Oat, Rescue, Clematis.
Kauai-Flower-Essenzen: Will Power hilft dabei, sich größerer geistiger Klarheit und Stärke zu öffnen; lässt jede Zelle des Körpers von dieser neuen Energie durchdringen und neue Kraft schöpfen.
Orchideenessenzen: Psycho Orchid hilft dabei, uns tief in uns zu erkennen, unsere Aufgabe zu verstehen. Unterstützt jede Form von Psychotherapie.
Bitte die Blütenessenz Psycho Orchid nur zusammen mit der Amethystessenz verwenden.

Meditation »Tintagel«
Sie reisen nach Südwestengland, nach Cornwall, dem Land von König Artus, Merlin und Avalon. Sie erreichen Tintagel, die Reste einer riesigen alten Burgruine mit phantastischem Blick über das schäumende Meer. Sie gehen einen kleinen Weg hinunter zum Meer. Unter der Burganlage befindet sich eine Höhle, die Merlins Höhle genannt wird. Sie treten ein, setzen sich auf einen Stein. Sie reisen durch Zeit und Raum und nehmen leuchtendes, silbrig violettes Licht wahr. Sie spüren, wie all Ihre Zellen ins Schwingen geraten, sich Ihre Energie mehr und mehr beschleunigt. Sie hören: »Jedes Wort, das du denkst oder aussprichst, hat Magie, setzt Wirkungen in Kraft.«

Nr. 57 Pallas Athene und Aeolus, Meisterflasche

HELLPINK ÜBER HELLBLAU

»Ich erinnere mich an die strahlende Schönheit in meinem Inneren. Ich lade diese Schönheit in mein Leben ein.«

Eigenschaften: fördert das Selbstvertrauen; stärkt das Vertrauen, geführt und gehalten zu werden; gibt das Gefühl, geliebt zu werden; hilft Liebe kreativ auszudrücken durch Schreiben, Malen, Bewegung; hilft Liebe kommunizierend auszudrücken; balanciert männliche und weibliche Anteile in uns aus; hilft Beziehungen zu harmonisieren; unterstützt sprachlichen Ausdruck; unterstützt klares Träumen; öffnet für alles Schöne und die Fülle.
Energiezentrum: Basischakra, Kehlkopfchakra, Kronenchakra.
Aufzutragen: rund um den Unterleib; rund um den Hals, am Haaransatz; auf beide Fußsohlen.
Gedanken zu Nr. 57: Pallas Athena ermuntert uns, die Schönheit um uns herum zu erkennen und uns daran zu erfreuen, ohne von Dingen abhängig zu werden. Wirkliche menschliche Schönheit spüren wir dann, wenn uns Liebe und innere Schönheit entgegenstrahlen. Umgeben Sie sich mit Schönheit, und schenken Sie liebevolle Schönheit weiter.

Rednerstein
Chalzedon ist der Rednerstein. Sie sollten ihn immer bei sich haben, wenn sie beruflich viel reden müssen. Legen oder kleben Sie sich einen Chalzedon auf das Kehlkopfzentrum, wenn Sie stimmliche Probleme haben, wenn Ihnen die Worte im Hals stecken bleiben.

Edelsteine und Edelsteinessenzen

Chalzedon fördert Kommunikationsfähigkeit und sprachliche Fähigkeiten; steigert Kreativität und Inspiration.
Rosenquarz stärkt die Selbstliebe; öffnet für alles Schöne; hilft Emotionen loszulassen und zu vergeben.
Rosenquarzessenz lässt uns unsere Sorgen loslassen.

Aromaöle

Myrte verbreitet Heiterkeit; öffnet für Schönheit und Reinheit; schützt und reinigt; wirkt antiseptisch.
Rose, die Königin der Blumen, harmonisiert das Herzzentrum; wirkt antidepressiv; öffnet für die Liebe.

Blütenessenzen

Bach-Blüten: Holly, Mimulus.
Kauai-Flower-Essenzen: Divine Love stärkt Vertrauen in die göttliche Liebe, um göttliche Liebe annehmen und ausstrahlen zu können.
Orchideenessenzen: Heart Orchid fördert das »Sehen mit dem Herzen«.
Bitte die Orchideenessenz Heart Orchid nur zusammen mit der Rosenquarzessenz verwenden.

Meditation »Im Tempel der Pallas Athene«
Sie riechen die Düfte Griechenlands, den Duft Kretas und nähern sich dem Tempel der Pallas Athene an der Südküste. In der Ferne sehen Sie das intensiv blaue Meer, über Ihnen wölbt sich ein klarer, transparent blauer Himmel. Ihr Herz öffnet sich der Schönheit der Landschaft und der Tempelanlage mit ihren weißen Säulen und Delfinmosaiken. Priesterinnen verräuchern duftende Substanzen zu Ehren der Göttin. Sie dürfen sich auf einer Terrasse mit Blick über das Meer erholen.

Nr. 58 Orion und Angelika, Meisterflasche

HELLBLAU ÜBER HELLPINK

»Ich erinnere mich daran, dass mein wirkliches Zuhause tief in mir ist.«

Rosenquarz
Legen Sie sich einen Chalzedon auf das Kehlkopfzentrum und einen Rosenquarz auf das Herzzentrum. Für die Meditation »Drei Flammen« legen Sie sich zusätzlich einen Zitrin auf den Solarplexus und einen Bergkristall über das Scheitelzentrum.

Eigenschaften: hilft »inneres Kind« zu heilen; unterstützt optimal alle Therapien, die sich mit dem »inneren Kind« befassen; gleicht männliche und weibliche Seiten in uns aus; entspannt; bringt uns mit tiefem innerem Frieden in Kontakt; beruhigt und schützt; gibt neuen Mut und neue Kraft; hilft »ein Stück Himmel« auf der Erde zu leben; schützt beim Reisen und hilft uns dabei, schnell auch innerlich am neuen Ort anzukommen; schützt bei »Reisen in die inneren Ebenen« und hilft die dort gemachten Erfahrungen auf unserer Alltagsebene zu integrieren; wirkt reinigend und transformierend.
Energiezentrum: Basischakra, Kehlkopfchakra, Kronenchakra.
Aufzutragen: am Unterleib; am Hals; am Haaransatz.
Gedanken zu Nr. 58: Dieses Öl ist ein wertvoller Begleiter auf Reisen. Im Flugzeug empfiehlt es sich, auch die Quintessenz Orion und Angelika immer wieder einzufächeln und einzuatmen, um die Energiekörper zu zentrieren. Auch am Zielort können Sie ruhig noch ein bis zwei Tage Orion und Angelika anwenden.

Edelsteine und Edelsteinessenzen

Chalzedon fördert Kommunikationsfähigkeit und sprachlichen Ausdruck; steigert Kreativität und Inspiration.
Rosenquarz öffnet für Schönes; heilt den Emotionalkörper.
Rosenquarzessenz schützt uns vor Strahlen.

Aromaöle

Tonka stimmt heiter und gelassen; wirkt zart, antidepressiv und euphorisierend.

Rosengeranie wirkt beruhigend, ausgleichend und antidepressiv; balanciert den Hormonhaushalt aus; wirkt auch aphrodisisch.

Blütenessenzen

Bach-Blüten: Holly, Rescue.

Kauai-Flower-Essenzen: Divine Love stärkt das Vertrauen in göttliche Liebe, um göttliche Liebe annehmen und ausstrahlen zu können.

Orchideenessenzen: Heart Orchid fördert das »Sehen mit dem Herzen«. Bitte Heart Orchid nur zusammen mit Rosenquarzessenz verwenden.

Meditation »Drei Flammen«

Spüren Sie tief in Ihrem Körper eine leuchtend hellrosa, eine strahlend hellblaue und eine hellgoldene Flamme. Sie konzentrieren sich auf diese Flammen, die Sie ihre Wirbelsäule entlang sanft aufsteigen und bis über den Kopf hinaus in den Himmel hineinlodern lassen. Oben, am weiten, transparent blauen Himmel, sehen Sie »Ihren Stern«, mit dem Sie eine tiefe Liebe und ein tiefes Heimatgefühl verbindet.

Nr. 59 Lady Portia, Meisterflasche

HELLGELB ÜBER HELLPINK

»Ich mache mir bewusst, dass ich durch jede neue Erfahrung innerlich wachse.«

Zitrintrank
So einfach können Sie Ihre Verdauung unterstützen: Legen Sie einen Zitrin über Nacht in Wasser (am besten ist natürliches Quellwasser), und trinken Sie am nächsten Morgen dieses Zitrinwasser.

Eigenschaften: stärkt die Lebensfreude; wirkt antidepressiv; hilft dabei, uns klarer zu erkennen, ohne Selbsturteile zu fällen; hilft andere liebevoll zu betrachten, ohne zu beurteilen und zu verurteilen; regt an, uns selbst und anderen zu verzeihen; heilt alte emotionale Verletzungen; löst Ängste auf; unterstützt uns bei der »Wahrheitssuche« im Leben; öffnet für die Aufnahme neuen Wissens; wirkt reinigend und entgiftend auf allen Ebenen.
Energiezentrum: Basischakra, Sakralchakra und Solarplexus.
Aufzutragen: um den gesamten Unterleib herum bis auf Nabelhöhe.
Gedanken zu Nr. 59: Lady Portia ist eine wunderbare Hilfe, uns selbst mit etwas Abstand und Liebe zu betrachten, ohne uns gleich zu be- oder verurteilen. Es ist auch interessant zu beobachten, inwieweit wir über andere urteilen, sie in Schubladen stecken oder denken: »Typisch...!« Beobachten wir uns einmal, wenn wir mit Freunden über gemeinsame Bekannte sprechen. Versuchen wir in Zukunft, mehr Verständnis und Toleranz für andere aufzubringen.

Edelsteine und Edelsteinessenzen

Zitrin wirkt wärmend und spendet Energie; unterstützt das Verdauungssystem; verstärkt auch geistige Erfahrungen.
Zitrinessenz schenkt Vertrauen und Zärtlichkeit.

Aromaöle

Lemongrass wirkt erfrischend und geistig anregend, fördert die Konzentration; entspannt den Magen.

Zitrone wirkt erfrischend, konzentrationsfördernd und gedächtnisstärkend; aktiviert; stärkt die Lebensfreude.

Bergamotte wirkt antidepressiv; muntert auf; verströmt sonnige Heiterkeit; ist entkrampfend und antiseptisch.

Blütenessenzen

Bach-Blüten: Wild Oat, Hornbeam.

Kauai-Flower-Essenzen: Playfullness hilft alles Schwere, auch Existenzprobleme, loszulassen.

Orchideenessenzen: Fun Orchid hilft dabei, sich innerlich zu entkrampfen. Bitte diese Orchideenessenz nur zusammen mit Zitrinessenz einnehmen.

Meditation »Die Bühne des Lebens«

Sie sitzen heute in einem großen Theater, das in Hellgelb und Hellpink dekoriert ist. Frischer, klarer Zitronenduft liegt in der Luft. Auf der Bühne wird Ihr Leben gespielt. Sie sehen, wie Sie auf die Erde kamen, geboren wurden. Sie sehen Ihre Kindheit, Ihre Schulzeit, Ihre Schulfreunde. Sie beurteilen nichts, betrachten nur diese Inszenierung Ihres Lebens. Sie waren immer Regisseur. Sie sehen voller Spannung und auch mit Humor Ihr Leben bis zum jetzigen Zeitpunkt weiterfließen. Sie sehen sich selbst in die Augen und schicken sich ganz viel Liebe.

Nr. 60 Kwan Yin und Lao Tsu, Meisterflasche

BLAU ÜBER KLAR

»Ich verbinde mich mit der liebevollen, tiefen Klarheit, die in jedem Augenblick meinen inneren Wesenskern erfüllt.«

Eigenschaften: bringt Klarheit und tiefen inneren Frieden; hilft alte Verletzungen loszulassen, altes Leiden aufzulösen; lässt uns Gefühle leichter ausdrücken; hilft Kreativitätsblockaden zu lösen; beruhigt, entspannt und kühlt; hilft dabei, allen Wesen liebevolles Mitgefühl entgegenzubringen; hilft bei Sprachproblemen und ist die ideale Kombination für alle logopädischen Therapien.
Energiezentrum: Kehlkopfchakra.
Aufzutragen: rund um den Hals.
Gedanken zu Nr. 60: Dieses Öl hilft uns auf allen Ebenen wieder »in Fluss« zu kommen. Auf dieses »im Fluss sein« wurde im alten China sehr geachtet. Die Ärzte wurden nur bezahlt, wenn die ihnen anvertrauten Menschen gesund blieben. So entwickelten sich, um Krankheiten vorzubeugen, kunstvolle Techniken, durch die der Mensch auf allen Ebenen in Harmonie mit sich, der Erde und dem Kosmos gebracht wurde (u. a. Akupunktur, Akupressur, Teeheilkunde, bewusster Einsatz von Farbe).

Vorsicht mit Kampfer
Das Aromaöl von Kampfer darf nicht angewendet werden bei Kindern unter sechs Jahren, bei Neigung zu Epilepsie, während einer homöopathischen Therapie und während der Schwangerschaft.

Edelsteine und Edelsteinessenzen
Lapislazuli wirkt konzentrationsfördernd; schließt uns an die innere Kraftquelle an; fördert klaren Ausdruck.
Bergkristall wirkt klärend, reinigend und entgiftend.
Pfirsichfarbener Kalzit transformiert alte Emotionalmuster.
Bergkristallessenz schützt und stärkt Ihre Aura.
Pfirsichfarbene Kalzitessenz unterstützt die Intuition.

Aromaöle

Kampfer wirkt reinigend, kräftigend, klärend. Nicht bei Epilepsieneigung und bei Schwangerschaft anwenden!

Ylang-Ylang euphorisiert, erotisiert; ist weich und süß.

Sandelholz wärmt und harmonisiert; wirkt aphrodisisch.

Blütenessenzen

Bach-Blüten: Willow, Wild Rose, Crab Apple.

Kauai-Flower-Essenzen: Tranquility bringt uns tiefen inneren Frieden und hilft zur Ruhe zu kommen.

Orchideenessenzen: Higher Self Orchid verbindet uns mit unserem höheren Selbst, mit der geistigen Welt und mit der göttlichen Liebe.

Bitte verwenden Sie die Blütenessenz Higher Self Orchid nur zusammen mit der Bergkristallessenz.

»Altes China«

Zeit und Raum verschwimmen.
Sie riechen den Duft von feinem Yasmintee, den Sie aus einer durchsichtig weißen Tasse trinken. Ihr Blick fällt durch eine große Schiebetür in einen chinesischen Garten. Sie werden von Ihren Gastgebern, einer Frau in einem wunderschönen, apricotfarbenen Gewand und einem alten, weisen Herrn, der ganz in Königsblau gekleidet ist, auf eine kleine Brücke geführt. Sie sehen in die Strömung und spüren dabei den Fluss Ihres Lebens und das Qi, die Lebensenergie, in Ihren Meridianen kreisen.

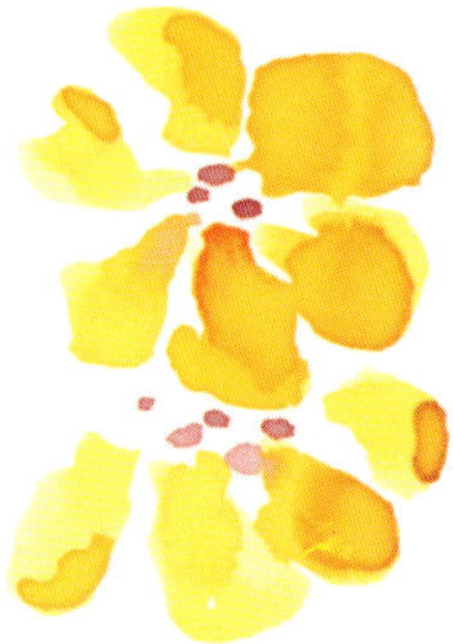

Nr. 61 Sanat Kumara, Meisterflasche

HELLPINK ÜBER HELLGELB

»Ich erinnere mich daran, dass ich mit allem, was ist, eins bin. Alles, was existiert, entstammt derselben Quelle.«

Eigenschaften: hilft dabei, sich von Abhängigkeiten zu lösen; hilft alte Verletzungen und Ängste loszulassen; lässt uns Sexualität mit Freude genießen; stärkt die Nerven; hilft Wissen klar und mit Freude weiterzugeben; umgibt uns mit der Energie von Liebe und tiefem Verständnis.
Energiezentrum: Basis- und Sakralchakra, Solarplexus.
Aufzutragen: um gesamten Bauch und Unterbauch.
Gedanken zu Nr. 61: Die zarten, frühlingshaften Farben von Sanat Kumara (Hellpink und Hellgelb) vermitteln Leichtigkeit, Freude, Liebe, die zarte Frische des Frühlings. Wenn wir uns liebevoll selbst betrachten, erkennen wir, dass jede unserer Erfahrungen letztendlich ein Geschenk darstellt. Auf diese Weise erfahren wir das große Ganze mehr und mehr von verschiedenen Seiten und können liebevolles Verständnis für die Erfahrungen und Prozesse der anderen Menschen entwickeln. Wir ahnen, dass die Fassetten unseres Lebens letztlich zu einer Einheit zusammenfließen und uns nach Hause, zurück ins Licht führen.

Regenbogen
Fluorite faszinieren uns mit ihren wunderschönen Regenbogenfarben. Da der Fluorit das ganze Farbspektrum aufweist, trägt er von allen Steinen etwas in sich. Er ist ein wunderbarer Heilstein, ein Stein der Liebe, der Intuition und Inspiration.

Edelsteine und Edelsteinessenzen
Fluorit öffnet die Tür zu unserem Unterbewusstsein.
Smaragd öffnet das Herz; löst die alten Muster auf.
Rosenquarz stärkt die Selbstliebe, öffnet für alles Schöne.
Rosenquarzessenz stärkt Vertrauen und Nächstenliebe.
Smaragdessenz aktiviert die Selbstheilungskräfte.

Aromaöle

Rose, Königin der Blumen, harmonisiert das Herzzentrum.
Rosengeranie beruhigt, gleicht aus; wirkt aphrodisisch.
Jasmin wirkt angstauflösend, besänftigend, euphorisierend.

Blütenessenzen

Bach-Blüten: Willow, Rock Water, Larch.
Kauai-Flower-Essenzen: Manifesting hilft dabei, alte Muster loszulassen und selbst schöpferisch das Leben zu gestalten, voller geistiger Klarheit.
Orchideenessenzen: Venus Orchid fördert Liebe, Sanftheit, Verständnis sowie weibliche Qualitäten; vermittelt die Venusenergie.
Bitte wenden Sie Venus Orchid nur zusammen mit Rosenquarzessenz oder Smaragdessenz an.

Meditation »Pfirsichblütengarten«

Visualisieren Sie apricotfarbenes Licht. Sie atmen dieses Apricot mit jedem Atemzug in Ihren Körper, mit jedem Ausatmen die verbrauchte Luft mühelos aus. Sie sehen Pfirsichblüten, frühlingshafte Pfirsichbäume und gehen langsam durch einen wunderschönen Garten am Mittelmeer. Sie gehen einen kleinen Pfad entlang, atmen die duftende Frühlingsluft ein und kommen zu einem kleinen Venustempel aus weißem Marmor. Dort nehmen Sie Platz und genießen intensiv die Atmosphäre von Liebe, Wissen und tiefer Verbundenheit mit allem, was ist. Sie spüren, wie all Ihre Erfahrungen, Ihr Leben, zu einer Einheit zusammenfließen.

Nr. 62 Maha Chohan, Meisterflasche

HELLTÜRKIS ÜBER HELLTÜRKIS

»Ich verbinde mich mit dem inneren Wissen und der Weisheit und setze sie mit Liebe zum Wohle aller Wesen ein.«

Eigenschaften: fördert kreativen Ausdruck; hilft Gefühle klarer auszudrücken; ist inspirations- und intuitionsfördernd; hilft bei Arbeit mit der Technik; hilft alte Strukturen loszulassen; ist angstauflösend; unterstützt Arbeit in den Medien; hilft eine tiefe Beziehung zu Kristallen zu entwickeln; stärkt Vertrauen; öffnet für neue Herzensbeziehungen; hilft dabei, sich mit Freude dem Fluss des Lebens anzuvertrauen.

Energiezentrum: Herzchakra, Kehlkopfchakra.

Aufzutragen: rund um das Herz; rund um den Hals; auf beide Fußsohlen.

Gedanken zu Nr. 62: Sehr schön ist es, am Meer mit der Maha-Chohan-Energie zu arbeiten, am Wasser zu meditieren. Sehr intensiv können Sie Maha Chohan auch beim Schnorcheln empfinden, wenn Sie wie schwerelos durch das sonnendurchflutete Wasser gleiten. Spielen Sie mit der Farbe Türkis, malen Sie in Türkistönen, dekorieren Sie Ihren Tisch in Türkis und vielleicht mit Muscheln. Hören Sie eine Kassette mit Meeresrauschen. Kleiden Sie sich in Türkis, und fühlen Sie Ihre Stimmung dabei.

Meerwasserstein

Der Aquamarin gehört in die Familie der Berylle. Als Heilstein, Amulett und als Schmuckstein ist er seit der Antike begehrt. Sein Name leitet sich von den lateinischen Begriffen »aqua« und »mare« ab, was so viel wie Meerwasser bedeutet.

Edelsteine und Edelsteinessenzen

Larimar stärkt die Verbindung von Gedanken und Gefühlen.
Aquamarin spült Blockaden sanft weg; reinigt.
Bergkristallessenz verbindet mit dem höheren Selbst.
Larimaressenz löst allgemein Energieblockaden.

Aromaöle

Lavendel wirkt stimmungsausgleichend und entspannend, besonders im Kopfbereich; ist abwehrsteigernd.

Blütenessenzen

Bach-Blüten: Star of Bethlehem, Rock Rose, Wild Rose, Klematis.

Kauai-Flower-Essenzen: Playfullness hilft alles Schwere, auch Existenzprobleme, loszulassen und die Freude des Spielerischen wieder zu entdecken.

Orchideenessenzen: Fun Orchid stärkt Humor und Lebensfreude; erweckt das Kind in uns.

Delfinessenz reinigt alle Chakren; löst das Geburtstrauma von Babys; vermittelt Leichtigkeit und spielerische Freude bei Kindern und Erwachsenen.

Meditation »Atlantis«

Sie hören einen hellen Kristallklang und sehen vor sich eine wunderschöne Stadt am Meer. Klänge schwingen durch die Luft, türkisfarbenes Wasser umgibt die Stadt. Sie sehen große Menschen in langen, weißen Gewändern, die sich schwebend fortbewegen. Diese Wesen leben im Einklang mit dem Kosmos. Kristalle blitzen auf den Häusern. In einem Tempel sehen Sie einen riesengroßen Bergkristall. Priester singen und zeichnen Bewegungen in die Luft, die Sie mit dem Kosmos verbinden. Sie tanken sich mit dieser Energie auf.

Nr. 63 Djwal Khul über Hilarion, Meisterflasche

SMARAGDGRÜN ÜBER HELLGRÜN

»Ich nehme bewusst meinen inneren Raum wahr, in dem ich mich beschützt und geborgen fühle.«

Eigenschaften: hilft den eigenen Raum zu spüren; ermutigt, eigene Herzenswahrheit auszudrücken; lässt tiefe Liebe zur Natur empfinden; zeigt den persönlichen Weg, den Sinn des eigenen Lebens; unterstützt die innere »Wahrheitssuche«; hilft zu vertrauen, zur richtigen Zeit am richtigen Ort zu sein und das Richtige zu tun; regeneriert; unterstützt die Rekonvaleszenz.
Energiezentrum: Herzchakra.
Aufzutragen: rund um das Herzzentrum.
Gedanken zu Nr. 63: Djwal Khul über Hilario hilft uns dabei, den eigenen Raum zu spüren. Dadurch, dass wir mehr Abstand zu den eigenen Emotionen haben, erkennen wir das große Ganze, den Rahmen für unseren Lebensweg deutlicher. Vielleicht versuchen Sie einmal, sich für einige Tage an einen ruhigen Ort zurückzuziehen (in ein Bergdorf oder ein Kloster) bzw. einige Stunden in der Natur zu meditieren. Sie werden dieses »Innerlich-tief-Durchatmen« genießen und gelassener in den Alltag zurückkehren.

Inkastein
Wie der Aquamarin gehört auch der Smaragd zu der Beryllfamilie. Smaragde spielten in allen großen Kulturen eine wichtige Rolle. Die Inkas und Azteken verehrten sie sogar als heilige Steine. Als Heilstein wirkt der Smaragd auf innere Organe und das zentrale Nervensystem.

Edelsteine und Edelsteinessenzen

Smaragd öffnet das Herz für die Liebe; löst alte Muster auf; regt die Zellbildung an.
Aventurin fördert die Herzregeneration.
Bergkristall wirkt klärend, entgiftend und reinigend.
Smaragdessenz unterstützt jede Form der Meditation.
Bergkristallessenz stimuliert Drüsen, Herz und Lunge.

Aromaöle

Zeder wirkt beruhigend, angstauflösend und entkrampfend; ist schleimlösend. Nicht bei Schwangerschaft anwenden!

Latschenkiefer lässt besser atmen; ist durchblutungsfördernd und gut zur Sammlung vor Meditationen.

Wacholder kräftigt. Nicht bei Schwangerschaft anwenden!

Blütenessenzen

Bach-Blüten: Rescue, Star of Bethlehem.

Kauai-Flower-Essenzen: Meditation lässt Gedankenstille einkehren und öffnet für inspirierende Energien.

Orchideenessenzen: Higher Self Orchid verbindet uns mit unserem höheren Selbst; verbindet uns mit der göttlichen Liebe. Bitte nehmen Sie die Blütenessenz Higher Self Orchid nur zusammen mit der Bergkristallessenz ein.

Meditation
»Höhle am Dach der Welt«

Klare Bergluft, unendlich hohe Berge, klarer Himmel umgeben Sie. Sie stehen vor einer Berghöhle und werden von einem alten Mann begrüßt, der Sie mit liebevollen, strahlenden Augen ansieht. Sie nehmen vor der Höhle neben dem Feuer Platz. Schweigend sitzen Sie , Ihre Augen wandern über schneebedeckte Gipfel; aus dem Tal hören Sie den Klang von Glocken. Ihr Herz verbindet sich mit der Landschaft, ein tiefes Glücksgefühl erfüllt Sie.

Nr. 64 Djwal Khul, Meisterflasche

SMARAGDGRÜN ÜBER KLAR

»Ich erinnere mich an den tiefen Frieden, der mich tief in meinem Inneren erfüllt, und ruhe ganz in diesem Gefühl.«

Eigenschaften: wirkt klärend und entgiftend; bringt inneren Frieden und Herzensweisheit; öffnet für die Liebe; hält die Balance zwischen Gefühl und Intellekt; macht geistig wach; hilft in der Tiefe des Herzens den eigenen Weg klar zu erkennen; hilft flexibel zu werden und Veränderungen zu begrüßen; öffnet für die Gesetze des Kosmos.
Energiezentrum: Herzchakra.
Aufzutragen: rund um den gesamten Brustbereich.
Gedanken zu Nr. 64: Djwal Khul hilft uns, in andere Dimensionen zu blicken. In unserer heutigen Zeit ergreift mehr und mehr Menschen das Gefühl, nicht die einzigen intelligenten Wesen dieses Kosmos zu sein. Daher ist es wichtig, uns immer wieder zu zentrieren, aus unserer Mitte heraus zu handeln, uns zu erden. Auch das Hier und Jetzt sollten wir mit voller Konzentration und Präsenz leben, um das, was wir möglicherweise von anderen Welten lernen, in der Realität unserer Dimension zu verankern. Das bedeutet nicht, aus unserer Dimension zu »fliehen«.

Djwal Khul
Als Meister im Himalaja wird Djwal Khul bereits in der »Theosophie« von Alice Bailey und Helena P. Blavatsky benannt und beschrieben.

Edelsteine und Edelsteinessenzen

Smaragd öffnet unser Herz für die Liebe; löst Muster auf.
Grüner Turmalin wirkt heilend auf allen Ebenen.
Bergkristall wirkt klärend, entgiftend und reinigend.
Smaragdessenz hilft bei Kopfschmerzen und Diabetes.
Bergkristallessenz vermittelt Licht; schützt die Aura.

Aromaöle

Zeder beruhigt. Nicht bei Schwangerschaft anwenden!
Latschenkiefer ist ein grüner, waldiger, frischer Duft; öffnet die Lunge für bessere Atmung; ist durchblutungsfördernd; eignet sich besonders zum Sammeln vor Meditationen.
Wacholder wirkt kräftigend und angstauflösend.

Blütenessenzen

Bach-Blüten: Wild Oat, Rescue.
Kauai-Flower-Essenzen: Meditation hilft gedankliche Verwirrung loszulassen und sich für inspirierende Energien zu öffnen.
Orchideenessenzen: Higher Self Orchid lässt uns im Kopf »klarer« werden. Bitte die Orchideenessenz Higher Self Orchid nur zusammen mit Saphiressenz einnehmen.

Meditation »Himalaja«

Sie gehen einen Bergpfad entlang zu einem einfachen Haus und sehen, wie von allen Seiten Menschen dorthin strömen. Sie betreten den Innenraum und finden einen Platz im Kreis. Meditative Stille ringsherum. Sie spüren eine tiefe Verbundenheit zu diesen Menschen im Raum. Nun betritt ein Mönch den Raum, geht still von einer Person zur nächsten und legt seine Hände auf die Köpfe. Er steht vor Ihnen, und in dem Moment der Berührung spüren Sie Blitze in Ihrem Kopf, gleißendes weißes Licht. Sie sind eins mit allem, was ist.

Nr. 65 Den Kopf im Himmel und die Füße auf der Erde haben

VIOLETT ÜBER ROT

»Ich erinnere mich daran, dass ich immer genährt bin von Mutter Erde und verbunden mit der göttlichen Quelle.«

Karfunkelstein
Der Granat gehört zu den seit der Antike bekannten 29 Grundsteinen des Lebens. Er wird dem Element Feuer und den Sternzeichen Widder und Skorpion zugeordnet.

Eigenschaften: wirkt kraftvoll und aufbauend; öffnet für geistige Wahrnehmung und Sensitivität; bringt Energie in Fluss; stärkt Heilfähigkeiten für sich und andere; hilft das Thema »Liebe« zu transformieren; hilft geistige Ideen materiell umzusetzen; befreit von Wut und alten, unangenehmen Emotionen.
Energiezentrum: Basis- und Kronenchakra.
Aufzutragen: rund um den Unterbauch; am Haaransatz; auf beide Fußsohlen.
Gedanken zu Nr. 65: Die Arbeit mit dem Öl Violett über Rot wirft die Frage auf, wie sehr wir unsere geistigen Ideen bereits im Alltag leben und umsetzen. Spüren Sie in diesem Punkt noch Blockaden, dann fragen Sie sich warum. Trauen Sie es sich vielleicht nicht zu, Ihr geistiges Wissen nach außen zu vertreten oder gar damit Geld zu verdienen? An diesem Punkt hilft es Ihnen, an den alten Mustern von mangelndem Selbstvertrauen, fehlender Selbstliebe und Geduld zu arbeiten.

Edelsteine und Edelsteinessenzen

Amethyst wirkt beruhigend und vertrauensfördernd.
Granat hilft alte Verhaltensmuster aufzulösen; schenkt Mut, Hoffnung und Zuversicht.
Hämatit schützt; spendet Energie; erdet spirituelle Energien.
Amethystessenz fördert die spirituelle Entwicklung.
Hämatitessenz bringt Vitalität, unterstützt die Genesung.

Aromaöle

Sandelholz wärmt, beruhigt, wirkt harmonisierend und aphrodisisch; verbindet Basiszentrum (Kundalini) mit dem obersten Energiezentrum.

Blütenessenzen

Bach-Blüten: Olive, Oak, Rescue.
Kauai-Flower-Essenzen: Grounding wirkt erdend, stärkt den Bezug zur Mutter Erde.
Orchideenessenzen: Füllhorn-Cattleya lässt uns eine liebevolle Verbindung zwischen Kosmos und Erde spüren. Wir lernen, dass alles Materielle genauso wie die kosmische Liebe im Überfluss vorhanden ist und dass es keine Grenzen gibt. Bitte die Blütenessenz Füllhorn-Cattleya nur zusammen mit Hämatitessenz einnehmen.

Meditation »Die rot-violette Energiesäule«

Sehen Sie vor sich eine Lichtsäule. Der untere Bereich dieser Lichtsäule färbt sich intensiv rot, das obere Ende leuchtet violett. Sie betrachten diese Farbkombination, spüren die Wärme des Lichts und gehen, wenn Sie möchten, in die Lichtsäule hinein. Rotes Licht durchflutet Füße, Beine, Becken und Unterleib, im Herzbereich spüren Sie rot-violettes, im Hals- und Kopfbereich strahlend violettes Licht. Rot verbindet Sie mit der Erde, Sie spüren Ihren »Anker« in der Erde unter Ihren Fußsohlen. Violett verbindet Sie mit Ihrem höheren Selbst und dem Himmel.

Nr. 66 Die Schauspielerin

HELLVIOLETT ÜBER HELLPINK

»Ich erinnere mich daran, dass ich getragen bin und nie tiefer fallen kann als in Gottes Hand.«

Stein der Frauen
Eine Mondsteinkette, über Ihrem Herzzentrum getragen, hilft Ihnen, sich Ihre weiblichen Seiten mehr bewusst zu machen, diese anzunehmen und zu integrieren.

Eigenschaften: stärkt Selbstliebe; hilft, Liebe leichter anzunehmen beruhigt und unterstützt die Nerven; hilft, eigene »Rollen« im Leben mit mehr Distanz zu betrachten; harmonisiert Unterleibsorgane; hilft gegen Lampenfieber; gibt Wärme, Schutz und das Gefühl sich im Geistigen geborgen zu fühlen; hilft gegen Einsamkeitsgefühle; unterstützt weiblichen Ausdruck, öffnet für Schönheit und fördert die Intuition.
Energiezentrum: Basis- und Kronenchakra.
Aufzutragen: um den gesamten Unterleib; am Haaransatz; auf beide Fußsohlen auftragen.
Gedanken zu Nr. 66: Die praktische Arbeit mit dem Öl Nr. 66 unterstützt Sie im Selbsterkenntnisprozess. Sie erkennen besser, auf welche Art und Weise Sie sich im Alltag Liebe, Zärtlichkeit, Bewunderung und Energie holen. Bitte betrachten Sie sich liebevoll dabei. Wie ein Schauspieler im Theater können wir immer wieder im Leben unsere Rolle überdenken und uns für andere, neue Rollen, für andere Mitspieler entscheiden. Das Leben selbst ist ein Spiel mit unendlichen Möglichkeiten.

Edelsteine und Edelsteinessenzen

Mondstein fördert Selbstausdruck und Kreativität; hilft eigene Gefühle besser zu erkennen und anzunehmen; fördert bewusstes, luzides Träumen und die Intuition.
Mondsteinessenz unterstützt das Lymphsystem und entgiftet den Körper; unterstützt Kreativität und Inspiration; fördert das Verständnis für uns selbst und andere.

Aromaöle

Ylang-Ylang ist ein weicher, süßer und erotisierender Duft; entkrampft und euphorisiert.

Blütenessenzen

Bach-Blüten: Larch, Mimulus, Hornbeam.
Kauai-Flower-Essenzen: Spirit Connection hilft beim Loslassen des alten Musters »Ich bin einsam!« und öffnet für die liebende Gegenwart geistiger Führung.
Orchideenessenzen: Inspiration Orchid inspiriert für künstlerisches Schaffen im Neuen Zeitalter; reinigt und stimuliert die höheren Chakren; transformiert Aggression in Inspiration.
Bitte verwenden Sie die Blütenessenz Inspiration Orchid nur zusammen mit der Mondsteinessenz.

Meditation »Theater«

Sie sehen sich in einem weichen, hellvioletten Theatersessel sitzen. Auf der Bühne agieren Sie. Sie sehen sich in verschiedenen Rollen z. B. als die »Geschäftsfrau«, die »Mutter«, die »Ehefrau«, die »Geliebte«, das »Mädchen«, die »Leidende« oder der »Geschäftsmann«. Schauen Sie sich auch an, von welchen Personen Sie in den jeweiligen Rollen umgeben sind, und achten Sie darauf, wie es Ihnen am Ende der einzelnen Szenen geht. Sehen Sie sich nun mit dem Ausdruck und der Optik (bis hin zu Kleidung, Frisur etc.), wie Sie gerne sein möchten. Prägen Sie sich diese Szene tief ein.

Nr. 67 Göttliche Liebe

MAGENTA ÜBER MAGENTA

»Ich verbinde mich bewusst mit der ewigen göttlichen Liebe, die in jedem Augenblick tief in mir strahlt und leuchtet.«

Eigenschaften: hilft Spiritualität lebendig und liebevoll im Alltag umzusetzen; öffnet das Herzchakra; unterstützt den liebevollen Umgang mit allem, auch dem Kleinen; unterstützt das Selbstvertrauen und hilft uns, in jedem Moment präsent zu sein; öffnet uns für zärtliche Gefühle; wirkt antidepressiv; schenkt uns inneren Frieden; heilt alte Herzensverletzungen, Enttäuschungen; hilft dabei, ein klarer, reiner Kanal für göttliche Liebe zu werden.
Energiezentrum: alle Chakren – auch das achte, das über dem Scheitelzentrum liegt.
Aufzutragen: überall, am gesamten Körper.
Gedanken zu Nr. 67: Dieses Öl hilft uns, die kleinen Dinge des Alltags mit Liebe zu behandeln oder zu tun. Es hilft uns, in alles unsere Liebe einfließen zu lassen und zu spüren, dass diese Liebe unbegrenzt ist. Wir erfahren, dass in dem Maße, wie wir uns öffnen, Liebe nachfließt. Es unterstützt den liebevollen Kontakt zu unserem Körper und lässt uns spüren, was ihm gut tut. Gönnen Sie sich deshalb ab und zu Streicheleinheiten für den Körper in Form von Massage, Kosmetik oder Dampfbad.

Ganzheitlich riechen

Den Duft eines ätherischen Öls lernen Sie über die Nase kennen. Wenn Sie dabei die Augen schließen und versuchen, sich die jeweilige Pflanze in Ihrer Vorstellung zu visualisieren, erfahren Sie den Duft in einer umfassenderen und ganzheitlichen Form.

Edelsteine und Edelsteinessenzen

Rosenquarz stärkt die Selbstliebe, öffnet für alles Schöne, für Kunst und Musik; hilft Emotionen loszulassen und zu vergeben; öffnet für geistiges Wissen und hilft dabei, dieses Wissen auf der Erde umzusetzen.
Rosenquarzessenz unterstützt die inneren Organe und hilft bei allen Kreislaufstörungen.

Aromaöle

Rose, die Königin der Blumen, harmonisiert das Herzzentrum; tröstet bei Verlust, Kummer und Trauer; öffnet für die Liebe; wirkt antidepressiv.

Blütenessenzen

Bach-Blüten: Vine, Beech, Walnut.
Kauai-Flower-Essenzen: Divine Love stärkt das Vertrauen in göttliche Liebe, um göttliche Liebe annehmen und ausstrahlen zu können.
Orchideenessenzen: Heart Orchid fördert das »Sehen mit dem Herzen«. Emotionen werden zu Liebe, die mit Spiritualität verbunden ist.
Bitte verwenden Sie die Blütenessenz Heart Orchid nur zusammen mit der Rosenquarzessenz.

Meditation »Magenta-Massage auf Hawaii«

Lassen Sie sich während dieser Meditation von Ihrem/r Partner/in führen und gleichzeitig mit dem magentafarbenen Öl sanft den Rücken und die Füße massieren. Lassen Sie alle Gedanken los, und spüren Sie Ihren Körper. Sie reisen in Gedanken nach Hawaii, auf die Garteninsel Kauai. Sie stehen in einer Bucht – mit weißem Sand, mit Palmen und Pflanzen, mit wunderschönen, duftenden Blüten. Sie liegen im Halbschatten, lauschen dem Meer, atmen den süßen Duft ein und fühlen sich wie im Paradies. Sie genießen eine Massage, spüren Ihren Körper und die Wärme.

Nr. 68 Gabriel

BLAU ÜBER VIOLETT

»Ich erinnere mich daran, dass ich ein Teil der Schöpfung bin, eingebettet in das große Ganze.«

Eigenschaften: ist entspannend, beruhigend; öffnet für Spiritualität; fördert Klarheit in Bezug auf den geistigen Weg; verstärkt Sensitivität und schenkt inneren Frieden; fördert die Konzentration; weckt Heilqualitäten; unterstützt Transformations- und Entwicklungsprozesse; hilft bei Problemen im Halsbereich.
Energiezentrum: Kehlkopfchakra, Drittes Auge, Kronenchakra.
Aufzutragen: rund um den Hals und am Haaransatz.
Gedanken zu Nr. 68: Das Element Wasser, das uns hier in den Farben des Öls (Blau und Violett) und mit dem Namen Gabriel (Erzengel des Westens und des Elements Wasser) begegnet, hilft uns, Spannungen und Emotionen loszulassen.

Abschiednehmen
Alles, was Sie loslassen oder verabschieden möchten, können Sie vertrauensvoll einem der vier Elemente übergeben: dem Wind, der alle Gedanken einfach wegbläst; dem Wasser, das Ihre Ängste fortspült; der Erde, die alles aufnimmt, und dem Feuer, das verbrennt und transformiert.

Edelsteine und Edelsteinessenzen

Amethyst beruhigt, gibt Vertrauen; fördert tiefen inneren Frieden und Ruhe; hilft beim Erkennen des großen Ganzen; ist inspirierend, meditationsfördernd und klärend.
Lapislazuli wirkt konzentrationsfördernd, reinigend; stärkt den Anschluss an die innere Kraftquelle; hilft bei Halsbeschwerden, Kehlkopfproblemen und Stimmbandbeschwerden; fördert klaren Ausdruck.
Amethystessenz wirkt entspannend und ausgleichend; stärkt die endokrinen Drüsen und das Nervensystem; hilft besonders gut bei Kopf- und Nervenschmerzen sowie bei Migräne; ist ein ausgezeichnetes Schlafmittel ohne irgendwelche Nebenwirkungen.

Aromaöle
Lavendel wirkt ausgleichend und entspannend, besonders im Kopfbereich; steigert die Abwehr.

Blütenessenzen
Bach-Blüten: Rescue.
Kauai-Flower-Essenzen: Deep Tension Relief hilft Spannungen und Nervosität loszulassen und inneren Frieden und Kraft zu spüren.
Orchideenessenzen: Psycho Orchid hilft uns, tief im Inneren unsere Lebensaufgabe zu erkennen, uns selbst zu finden und anzunehmen. Diese Essenz unterstützt jede Art von Psychotherapie.
Bitte verwenden Sie die Blütenessenz Psycho Orchid nur zusammen mit der Amethystessenz.

Meditation
»Blau-violettes Meer in Sommerland«

Sie reisen durch Raum und Zeit in ein Land, in dem immer die Sonne scheint. Sie reisen zu einem Meer mit goldenem Sandstrand. Die Luft ist klar und schimmert. Sie sind hier, um Frieden, Entspannung und innere Klarheit zu erlangen. Schwimmen Sie in dem angenehm warmen Wasser, und spülen Sie dabei alles ab, was Sie noch beschwert; gleiten Sie schwerelos durchs Wasser. Danach liegen Sie am Strand. Der Himmel leuchtet blau, zartrosa und zartviolett über Ihnen. Alles ist von übernatürlicher Schönheit und Klarheit. Sie sind in der ewigen Sonne von Sommerland.

Nr. 69 Klingende Glocke

MAGENTA ÜBER KLAR

»Ich erlaube mir, meine Liebe kreativ und zärtlich auszudrücken.«

Das Rosenland
Rosen werden überall in vielen Gärten kultiviert. Das Hauptanbauland für die Rosenölgewinnung ist Bulgarien. Dort wird das edelste und teuerste Rosenöl aus der Damaszenerrose destilliert.

Eigenschaften: fördert innere Klarheit und den liebevollen Ausdruck dieser Klarheit; regt die Sexualität an und hilft gegen Frigidität und Impotenz; öffnet für Zärtlichkeit; fördert die Selbstliebe; lässt uns auf andere liebevoll und voller Verständnis zugehen; fördert materielle und emotionale Zufriedenheit; wirkt balancierend und harmonisierend; verstärkt die kreative Leidenschaft.
Energiezentrum: alle Chakren, auch das achte.
Aufzutragen: überall am Körper, wie ein wertvolles Körperpflegeöl.
Gedanken zu Nr. 69: Das Öl Magenta über Klar hilft Ihnen, wieder einen stärkeren Kontakt zu Ihrem Körper, Ihrer Haut, Ihrer Sinnlichkeit zu bekommen. Sie empfinden intensiver, wirken zufriedener. Wie das Klingen einer Glocke erreicht diese Schwingung die Menschen Ihrer näheren Umgebung und wird auf diese Weise eine liebevolle Resonanz hervorrufen.

Edelsteine und Edelsteinessenzen

Rosenquarz unterstützt Freude, Lächeln und Liebe; öffnet für alles Schöne und für Kreativität; öffnet das Herzzentrum für bedingungslose Liebe.
Rosenquarzessenz öffnet Herzchakra; schützt vor Strahlen.

Aromaöle

Rose, die Königin der Blumen, harmonisiert das Herzzentrum; tröstet bei Verlust, Kummer und Trauer; wirkt antidepressiv; öffnet für die Liebe.

Jasmin wirkt besänftigend, euphorisierend und ist sinnlich anregend.

Blütenessenzen

Bach-Blüten: Star of Bethlehem, Mimulus, Rock Rose, Rescue.

Kauai-Flower-Essenzen: Sexuality Booster löst alte, die Sexualität begrenzende Muster auf und lässt Sie Sexualität neu und freudig erleben. Für Frauen: Female Sexual Liberator hilft die sexuell blockierenden Muster loszulassen und die Sexualität mit Freude zu genießen. Für Männer: Male Performance hilft dabei, sich mit Selbstvertrauen der Sexualität zu öffnen.

Orchideenessenzen: Heart Orchid fördert das »Sehen mit dem Herzen«. Bitte verwenden Sie die Blütenessenz Heart Orchid nur zusammen mit der Rosenquarzessenz.

Kreativ-meditativer Vorschlag

Gönnen Sie sich einen »Schönheits-Selbstverwöhnungstag« mit Entspannung (Sauna, Massage oder Akupressur, Frisör, Meditation, Mittagsschlaf, Lesen, Spaziergang u. a.). Kaufen Sie sich etwas Schönes, einen Blumenstrauß, einen neuen Lippenstift. Gehen Sie am Abend schön aus. Lassen Sie sich mit dem Öl Magenta über Klar massieren, und spüren Sie den Funken der Freude und Zufriedenheit in sich. Diese Energie werden Sie dann auch ausstrahlen.

Nr. 70 Vision von Herrlichkeit

GELB ÜBER KLAR

»Ich verbinde mich mit meinem inneren Licht und der inneren Klarheit, die mir in jedem Moment zur Verfügung steht.«

Vorsicht mit Eisenkraut
Bitte wenden Sie das ätherische Öl von Eisenkraut nicht in der Schwangerschaft an, da es durch seine Wirkung vorzeitig Wehen auslösen kann.

Eigenschaften: öffnet für Freude und gibt innere Zufriedenheit; unterstützt klares Denken und schützt den Intellekt; bringt das eigene innere Licht zum Strahlen; schafft Freude am Denken; schafft Zugang zu innerem Wissen und hilft auch, Wissen auf inneren Ebenen aufzunehmen; hilft beim Loslassen von Suchtverhalten; unterstützt die Nährstoffaufnahme im Körper; hilfreich bei Hautproblemen.
Energiezentrum: Solarplexus.
Aufzutragen: rund um Bauch und Fußsohlen.
Gedanken zu Nr. 70: Im Grunde liegt es »nur« an unseren Emotionen, Stimmungen und Gedanken, wenn uns die »Sicht« auf Herrlichkeit, Licht und innere Sonne verwehrt bleibt. Wenn wir die Fähigkeit entwickeln, unser Denken und Fühlen von außen zu betrachten und bewusst zu verändern, spüren wir, wie nah wir im Grunde am Licht sind, wie leicht und mühelos wir in dieses Licht eintauchen und das dort Erfahrene dann in den Alltag integrieren können.

Edelsteine und Edelsteinessenzen

Zitrin wärmt, spendet Energie; unterstützt das Verdauungssystem und die »Verdauung« geistiger Erfahrungen; schützt, balanciert die emotionale Ebene im Solarplexus aus.
Bergkristall klärt, reinigt und entgiftet; wirkt harmonisierend; hilft Kontakt zum höheren Selbst zu stärken.
Zitrinessenz unterstützt Leber, Galle und Milz.
Bergkristallessenz verstärkt die Intuition; ordnet mental.

Aromaöle

Zitrone wirkt stimmungsaufhellend und geistig anregend, konzentrationsfördernd und gedächtnisstärkend.
Grapefruit ist aufheiternd, aktivierend und entspannend.
Lemongrass wirkt geistig anregend und erfrischend.
Eisenkraut kühlt und erfrischt; stärkt Lebensfreude und Begeisterung.

Blütenessenzen

Bach-Blüten: Rescue.
Kauai-Flower-Essenzen: Clearing Negativity klärt, reinigt und befreit; Playfullness vermittelt Leichtigkeit und stärkt die Lebensfreude.
Orchideenessenzen: Fun Orchid steigert Humor und Lebensfreude. Nur zusammen mit Zitrinessenz einnehmen.

Meditation »Meeresluft und Sonne«

Atmen Sie in Ihrer Vorstellung helles, klares, gelbes Licht ein und aus. Sie reisen zu einer Steilküste am Meer. Sie gehen einen schmalen Pfad an der Küste entlang, schauen tief hinunter auf das Meer und atmen die frische Meeresbrise ein. Die klare Luft durchweht Ihren Kopf. Sie fuhlen sich frischer, als ob alles Unklare, Schwere weggeblasen ist. Sie atmen helle Sonnenstrahlen in Ihren gesamten Körper, spüren tiefe Freude und Leichtigkeit. Leicht und mühelos laufen Sie einen Sandweg entlang – zu einem Felsen, von dem Sie weit hinaus auf das Meer sehen können.

Nr. 71 Essener-Flasche II

ROSA ÜBER KLAR

»Ich erinnere mich an die tiefe Liebe, die in jedem Moment von meinem Wesenskern ausstrahlt.«

Eigenschaften: stärkt Selbstliebe und Selbstakzeptanz; vermittelt Zärtlichkeit; entspannt; wärmt; hilft Ängste zu überwinden; schützt und gibt das Gefühl, geliebt zu werden; vermittelt Vertrauen und Zuversicht; hilft bedingungslose Liebe klar auszudrücken; klärt Beziehungen; öffnet für Zärtlichkeit und Fürsorglichkeit.
Energiezentrum: Basischakra.
Aufzutragen: rund um den Unterleib.
Gedanken zu Nr. 71: Dieses Öl hüllt Sie ein wie ein schützender, wärmender, rosa Mantel. Sie fühlen sich geliebt, lieben sich selbst mehr und mehr und strahlen diese Liebe auch aus. Beobachten Sie, wie Ihre Umgebung auf Sie reagiert. Es kann passieren, dass Sie faszinierende Überraschungen erleben, dass fremde Menschen Sie in der S-Bahn oder mitten in der Stadt plötzlich anlächeln, ansprechen u. v. m.

Rosenhonig
Ein Tropfen Rosenöl auf zwei Teelöffel Honig – und Sie haben einen wunderbaren Rosenhonig, der beruhigend, zusammenziehend und antiseptisch wirkt. Diesen Honig können Sie z. B. Kindern bei Zahnfleischentzündungen einreiben.

Edelsteine und Edelsteinessenzen

Rosenquarz stärkt die Selbstliebe; öffnet für alles Schöne; hilft Emotionen loszulassen und zu vergeben.
Bergkristall wirkt klärend, reinigend und entgiftend; stärkt den Kontakt zum höheren Selbst.
Rosenquarzessenz öffnet das Herzchakra; schützt vor Strahlen und negativen Einflüssen.

Aromaöle

Rose, die Königin der Blumen, harmonisiert das Herzzentrum und tröstet bei Verlust, Kummer und Trauer.

Rosengeranie wirkt beruhigend, harmonisierend, antidepressiv; ist hormonell ausgleichend und aphrodisisch; unterstützt das Immunsystem und ist antiseptisch.

Blütenessenzen

Bach-Blüten: Rescue, Star of Bethlehem, Mimulus, Rock Rose.

Kauai-Flower-Essenzen: Divine Love stärkt das Vertrauen in göttliche Liebe, um göttliche Liebe annehmen und ausstrahlen zu können.

Orchideenessenzen: Heart Orchid fördert das »Sehen mit dem Herzen«. Emotionen werden zu Liebe, die mit Spiritualität verbunden ist.

Bitte verwenden Sie die Blütenessenz Heart Orchid nur zusammen mit der Rosenquarzessenz.

Meditation »Seerosenteich«

Sie sehen sich vor einem kleinen, klaren See stehen. Wunderschöne rosa-weiße Seerosen wachsen dort. Sie setzen sich ans Ufer, betrachten die Blüten, sehen große Libellen herumschwirren. Die Seerosen berühren Ihr Herz, und Sie spüren, wie sich Ihr Herz öffnet: wie eine Seerose, dem Sonnenlicht entgegen. Sie verschmelzen mit der Natur, sind ganz Liebe. Sie haben unendlich viel Zeit sowie Raum und baden in dieser freudvollen Atmosphäre. Irgendwann verabschieden Sie sich von Ihrem Seerosenteich und schicken den rosa-weißen Seerosen noch einmal ganz viel Liebe aus Ihrem Herzen.

Nr. 72 Der Clown

BLAU ÜBER ORANGE

»Ich verbinde mich mit der überwältigenden Freude, die in jedem Moment von meinem Wesenskern ausstrahlt.«

Karneol
Der Karneol heilt wärmend, er wirkt anregend auf die Unterleibsorgane. Ein Tip: Legen Sie sich bei Menstruationsschmerzen einen Karneol auf den Unterleib.

Eigenschaften: hilft Suchtverhalten und Abhängigkeiten aufzulösen; harmonisiert; öffnet den Zugang zu Humor und Glücklichsein; heilt Sexualität und vermittelt Freude an Sexualität; hilft nach sexuellem Missbrauch.
Energiezentrum: Sakralchakra und Kehlkopfchakra.
Aufzutragen: um den gesamten Rumpf herum.
Gedanken zu Nr. 72: Oft entsteht Suchtverhalten bzw. Abhängigkeit von Menschen durch tiefe emotionale Verletzungen. Wir versuchen, mit Suchtverhalten (Rauchen, Drogen, Esssucht, Magersucht, Arbeitssucht, sexuellen Süchten etc.) oder aufgesetzter Fröhlichkeit (Clownsmaske) das Problem unbewusst zu verdrängen, was jedoch keine Lösung darstellt und auf Dauer Folgeschäden auf allen Ebenen nach sich zieht. So schmerzhaft es ist, das Augenmerk noch einmal auf die alte Verletzung zu richten, so besteht doch die Chance nachträglicher tiefer Heilung. Suchtmuster lösen sich als Folge oft von alleine auf. Bei diesen Prozessen sollten Sie sich einem professionellen Therapeuten anvertrauen.

Edelsteine und Edelsteinessenzen

Karneol gibt Standfestigkeit und Mut; bringt Realitätssinn; ist stoffwechselanregend.
Zitrin wärmt, spendet Energie; unterstützt sanft die Verdauungsorgane.
Lapislazuli öffnet das Kehlkopfchakra; reinigt und klärt.
Zitrinessenz schenkt Zärtlichkeit und Vertrauen.
Karneolessenz wirkt erneuernd und vitalisierend.

Aromaöle

Zistrose hat einen wärmenden, würzigen Duft; erotisiert, besonders Menschen, die unter Gefühlskälte leiden und die sich innerlich »tot« fühlen. Nicht bei Schwangerschaft anwenden!
Tuberose süßer, blumiger, sinnlicher Duft spendet Kraft.

Bütenessenzen

Bach-Blüten: Elm, Vine, Gentian.
Kauai-Flower-Essenzen: Shock and Trauma unterstützt Loslassen von Schocks, Traumata, Ängsten sowie Spannungen und hilft dabei, sich für die Heilung zu öffnen.
Orchideenessenzen: Chocolate Orchid stärkt die Selbstliebe; öffnet für Genuss, Sinnlichkeit und die Freuden des Lebens. Bitte nehmen Sie die Blütenessenz Chocolate Orchid nur zusammen mit der Zitrinessenz ein.

Kreativ-meditativer Vorschlag

Nehmen Sie sich Zeit, in Ihre Sexualität hineinzuspüren. Wie erlebten Sie Ihre Lust in der Kindheit? Wie lebten Ihnen Ihre Eltern Sexualität vor? Was gefiel Ihnen, was nicht? Wie möchten Sie jetzt Ihre Sexualität leben? Können Sie sich in Ihrer Sexualität annehmen, und fühlen Sie sich von Ihrem/r Partner/Partnerin angenommen?
Nehmen Sie therapeutische Hilfe in Anspruch, wenn Sie auf diesem Gebiet tiefe Verletzungen erfahren haben.

Nr. 73 Chang-Tsu

GOLD ÜBER KLAR

»Ich verbinde mich mit der inneren Weisheit, die mir jeden Augenblick tief in meinem Wesen zur Verfügung steht.«

Mandarine
Die Heimat der Mandarine ist China; heutzutage werden die wohlschmeckenden Früchte in Süditalien und Südspanien angebaut. Hier werden auch die ätherischen Öle in größeren Mengen hergestellt.

Eigenschaften: ist angstauflösend und entspannend; hilft Wissen zu vermitteln; hilft Wissen um den Mechanismus des Reichtums zu erfassen; unterstützt den freieren Ausdruck der Persönlichkeit; hilft die eigene Sexualität anzunehmen und stärkt die Lebensfreude; hilft tiefe innere Weisheit zum Ausdruck zu bringen; lässt uns innere Denkmuster klar erkennen; fördert Nährstoffaufnahme und Verdauung.
Energiezentrum: Solarplexus.
Aufzutragen: rund um den Solarplexus.
Gedanken zu Nr. 73: Dieses Öl bringt uns mit innerer Weisheit, mit der Sonnenenergie und mit Freude in Kontakt. Wir lernen, mit Klarheit unser inneres Wissen zum Ausdruck zu bringen, unsere Persönlichkeit strahlen zu lassen. Wir sind uns dabei immer bewusst, dass diese innere Weisheit göttlichen Ursprungs ist, und empfinden uns als Kanal für diese göttliche Weisheit.

Edelsteine und Edelsteinessenzen

Zitrin wärmt, spendet Energie und schützt; stärkt die Lebensfreude; balanciert die emotionale Ebene im Solarplexus aus; unterstützt die Verdauung.
Rutilquarz unterstützt die Selbsterkenntnis, die Klarheit und das Erinnerungsvermögen; regt den Energiefluss an.
Gelber Kalzit stärkt das Selbstvertrauen; hilft Ideen in Taten umzusetzen; macht erfolgreich; regt Stoffwechsel an.
Rutilquarzessenz ist schmerzlösend, immunstärkend; regt die Geweberegeneration an; kräftigt die Atmungsorgane.

Aromaöle

Mandarine wirkt entspannend, erheiternd und inspirierend; wirkt aufbauend und angstauflösend; ist besonders beliebt bei kleinen Kindern und Schwangeren.

Blütenessenzen

Bach-Blüten: Rescue, Impatiens, Oak.
Kauai-Flower-Essenzen: Will Power stärkt die mentale Klarheit; unterstützt die persönliche Kraft.
Orchideenessenzen: Sun Orchid öffnet den Solarplexus; verbindet uns mit der Energie der Sonne und hilft uns, unser Ego in Harmonie mit den kosmischen Gesetzen zu bringen; verbindet den Solarplexus mit den höheren Chakren.
Bitte nehmen Sie die Blütenessenz Sun Orchid nur zusammen mit Rutilquarzessenz ein.

Meditation »Gang durch einen chinesischen Garten«

Sie reisen durch Raum und Zeit ins alte China. Sie stehen in einem kleinen chinesischen Garten neben einem Goldfischteich. Sie entdecken eine kleine Brücke über den Teich und setzen sich dorthin. Sie beobachten die apricot, gold, orange glänzenden Fische und nehmen einen zarten, süßen Mandarinenduft wahr. Sie atmen den entspannenden Duft tief ein. Sie spazieren nun auf einem kleinen Weg durch den meditativen Garten. Sie genießen den Blick über den Garten, die Stille, die sonnige Heiterkeit des Duftes, der in der Luft liegt.

Nr. 74 Der Triumph

HELLGELB ÜBER HELLGRÜN

»Ich verbinde mich mit meiner inneren Herzenswahrheit und öffne mich für ein Leben in Vertrauen und Freude.«

Eigenschaften: ist angstauflösend; öffnet für neue Sichtweisen und für neue Beziehungen; gibt Vertrauen und Mut; hilft uns, die innere Wahrheit klarer zu sehen; wirkt entspannend auf allen Ebenen; hilft Muster von Selbstverurteilung und Verurteilung anderer loszulassen; lässt uns emotionale Probleme und Muster deutlich sehen; ist hilfreich bei psychosomatischen Störungen aller Art; unterstützt die Nerven und die Verdauungsorgane; ist hilfreich bei Hautproblemen und bewährt bei Krampfadern.
Energiezentrum: Solarplexus und Herzchakra.
Aufzutragen: rund um den gesamten Bauch und Brustkorb; auf beide Fußsohlen.
Gedanken zu Nr. 74: Dieses hellgelbe/hellgrüne Öl vermittelt Lebendigkeit, Offenheit und Vertrauen; es macht uns Mut, neue Sichtweisen anzunehmen, sich neuen Beziehungen zu öffnen. Wir gehen unseren Weg, und auf einmal fällt helles Sonnenlicht auf diesen Weg und zeigt die Zusammenhänge deutlicher. Das Ganze geschieht in leichter, liebevoller, herzbetonter Art und Weise. Wir sehen neue Möglichkeiten und öffnen uns den neuen Perspektiven.

Olivin
Peridot oder Chrysolith, so wird der Olivin ebenfalls bezeichnet. Er ist einer der Grundsteine in der Steinheilkunde der Hildegard von Bingen. Olivin hat sich vor allem bei Hautproblemen und Allergien bewährt.

Edelsteine und Edelsteinessenzen

Olivin regt Solarplexus und Herz an; öffnet für die Liebe; löst Verkrampfungen auf allen Ebenen.
Olivinessenz vermittelt uns die Schwingung von Frohsinn, Freude und Heiterkeit; unterstützt Leber, Galle und Pankreas; stärkt Herz und Kreislauf.

Aromaöle

Mimose hat einen heiter stimmenden gelben Duft, stärkt Leber und Galle, duftet wie ein warmer Frühlingsmorgen.

Zitrone wirkt erfrischend, aktivierend und konzentrationsfördernd; stärkt das Gedächtnis; hilft emotionale Schwierigkeiten klarer zu sehen; verhilft zu mehr Lebensfreude.

Blütenessenzen

Bach-Blüten: Mimulus.

Kauai-Flower-Essenzen: Playfullness vermittelt Leichtigkeit und Freude; hilft, spielerische Qualitäten ins Leben einzuladen.

Orchideenessenzen: Fun Orchid steigert Humor und Lebensfreude.

Bitte nur zusammen mit Zitrinessenz einnehmen.

Meditation »Morgenspaziergang im Wald«

Es ist ein klarer Sommermorgen. Die ersten Sonnenstrahlen fallen durch die Blätter des Sommerwaldes. Sie gehen durch den Wald zu einem Hügel. Sie gehen bewusst, Schritt für Schritt den Hügel hinauf und stehen nun in einem majestätischen Buchenkreis. Sonnenlicht strahlt von oben in den Kreis hinein. Sie begrüßen die Sonne, strecken die Handflächen der Sonne entgegen, öffnen Ihr Herz dem Licht und der Natur. Mit jedem Atemzug fühlen Sie sich freier, leichter, klarer. Sie atmen Licht und den Duft des Waldes ein. Sie danken für dieses Geschenk, gehen dann langsam und bewusst zurück.

Nr. 75 Mit dem Fluss gehen

MAGENTA ÜBER TÜRKIS

»Ich vertraue mich dem Fluss des Lebens an.«

Kreuzstein
Der Chiastolith, aufgrund seiner Zeichnung auch Kreuzstein genannt, ist ein bewährter Heilstein bei allen Erkrankungen des Bewegungsapparates, der Haut und der Nerven.

Eigenschaften: öffnet für die Liebe und hilft uns, negative Gedanken und Muster abfließen zu lassen; befreit von dem Gefühl, »Opfer zu sein«; hilft uns, aktiv und schöpferisch die Realität zu gestalten; fördert die intuitive Kommunikation; hilft uns, kreativ die eigenen Talente zu entfalten; ist hilfreich bei chronischen Krankheiten.
Energiezentrum: alle Chakren.
Aufzutragen: überall am Körper, besonders rund um den Brustkorb.
Gedanken zu Nr. 75: Wenn wir gegen den Fluss des Lebens Widerstände aufbauen, verfestigen und verkrampfen wir unseren Körper auf allen Ebenen. Diese Tendenz kann bis in die physische Ebene Formen annehmen. Wir leisten Widerstand, obwohl wir wissen, dass Widerstand Kraft erfordert und es natürlicher sowie weniger anstrengend wäre, mit dem Fluss zu gehen. Alte Muster von Zorn, Wut, Aggression, die gegen uns selbst gerichtet sind (nicht verzeihen können), die Opferrolle, mangelnde Selbstliebe und fehlendes Selbstvertrauen), schneiden uns ab von dem natürlichen Fluss des Lebens. Diese alten Muster sollten wir loslassen und uns wieder öffnen für das Fließen und Strömen, voller Vertrauen und Liebe.

Edelsteine und Edelsteinessenzen

Chiastolith beruhigt und zentriert; fördert den Realitätssinn; löst Schuldgefühle auf; ist bei Rheuma und Gicht bewährt.
Amazonit hilft dabei, sich im Fluss des Lebens wohl, beschützt zu fühlen; gleicht Nerven und Muskeltonus aus.
Amazonitessenz fördert das Verständnis für Mutter Natur.

Aromaöle

Rose, die Königin der Blumen, harmonisiert das Herzzentrum.
Rosengeranie wirkt beruhigend und ausgleichend.

Blütenessenzen

Bach-Blüten: Holly.
Kauai-Flower-Essenzen: Inspiration hilft begrenzende Muster loszulassen und sich höherer Inspiration zu öffnen.
Orchideenessenzen: Amazonas-Flusspräparat bringt Lebensenergie in Bewegung; löst Blockaden im Körper. Äußerliche Anwendung: Träufeln Sie die Essenz auf ein Wattestäbchen, und massieren Sie sich damit außen die Ohrmuscheln ein. Hinweis: Die Essenz Amazonas-Flusspräparat sollte vorher immer getestet und nur zusammen mit Amazonitessenz verwendet werden.

Meditation »Bad im Fluss«

Sie reisen in Ihrer Vorstellung zu einem sommerlichen, warmen Fluss. Das Wasser ist klartürkis, Sie riechen Rosenduft von blühenden Wildrosensträuchern. Sie genießen die vollkommene Ruhe. Der Fluss fließt sanft und ruhig dahin. Sie finden eine Art Naturbadewanne aus Stein im flachen Uferbereich des Flusses. Sie legen sich in diese glatt geformte Wanne und lassen Ihren Körper vom weichen, klaren, angenehm warmen Wasser umspülen. Sie fühlen sich leicht und schwerelos und geben all die Spannung, die sich noch in Ihrem Körper befinden mag, an das Wasser ab.

Nr. 76 Vertrauen

ROSA ÜBER GOLD

»Ich erinnere mich daran, dass ich von Mutter Erde getragen werde, und vertraue mich dem Fluss des Lebens an.«

Hell und heiter
Tragen Sie einen Rhodrochrosit als Handschmeichler bei sich – und Ihr Alltag wird heller und heiterer. Der Rhodrochrosit unterstützt Sie mit seiner sanften und doch intensiven Schwingung.

Eigenschaften: hilft loszulassen und zu vertrauen; öffnet für die intuitive Weisheit; unterstützt die Konzentrationsfähigkeit; stärkt die Selbstliebe und Selbstachtung; fördert Hingabe und klaren Ausdruck; schenkt Zärtlichkeit und Sanftheit; wirkt hormonell ausgleichend.
Energiezentrum: Basischakra und Solarplexus.
Aufzutragen: um den gesamten Bauch herum.
Gedanken zu Nr. 76: Das Öl Rosa über Gold hilft dabei, sanft und liebevoll die innere Weisheit zu entdecken. Entspannung und Vertrauen sowie Selbstliebe wirken positiv auf das Sonnengeflecht, den Solarplexus. Die Arbeit wird stressärmer, müheloser, fließender und kann doch mit Hingabe getan werden. Sie haben die Möglichkeit, alte Kampf- und Mangelmuster mit Hilfe dieses Öls loszulassen oder zu wandeln.

Edelsteine und Edelsteinessenzen

Rhodrochrosit wirkt stimmungsaufhellend und dynamisierend; regt Kreislauf und Hormonsystem an; hilft bei Minderwertigkeitsgefühlen und Komplexen.
Zitrin wärmt, spendet Energie; zieht materiellen Reichtum an, ohne ihn festzuhalten; unterstützt das Verdauungssystem und auch die »Verdauung« geistiger Erfahrungen; schützt, balanciert die emotionale Ebene im Solarplexus aus und stärkt die Lebensfreude.
Zitrinessenz stärkt das Vertrauen und weckt Zärtlichkeit; gleicht die Hirnhälften aus; unterstützt die Konzentrationsfähigkeit; ist hilfreich bei Diabetes.

Aromaöle

Rose, die Königin der Blumen, öffnet für die Liebe; tröstet bei Verlust, Kummer und Trauer; wirkt antidepressiv.
Orange vermittelt Wärme, Heiterkeit, Unbeschwertheit; wirkt nervenstärkend und entspannend.

Blütenessenzen

Bach-Blüten: Walnut, Olive, Oak.
Kauai-Flower-Essenzen: Less Stress hilft Stress und Ängste loszulassen und innere Ruhe einkehren zu lassen.
Orchideenessenzen: Chocolate Orchid bringt Süße ins Leben; öffnet für Lebensfreude und inneren Genuss; verbindet uns mit der geistigen Welt.
Bitte verwenden Sie die Blütenessenz Chocolate Orchid nur zusammen mit der Zitrinessenz.

Meditation »Spaziergang durch einen Orangenhain«

Legen Sie sich während dieser Meditation ein Tempotaschentuch mit drei Tropfen Orangenöl über das Gesicht. Mit jedem Ausatmen lassen Sie die Restspannung Ihres Körpers hinausfließen. Sie spüren Wärme. Es ist Sommer. Sie stehen in einem Orangenhain, sind umgeben von Orangenduft. Sie genießen den Anblick der schönen Orangenbäume mit den leuchtend orangen Früchten und den saftgrünen Blättern. Sie legen sich auf die warme Wiese, betrachten die Früchte und auch die kleinen weißen Blüten dazwischen.
Sie haben unendlich viel Zeit.

Nr. 77 Der Kelch

KLAR ÜBER MAGENTA

»Ich verbinde mich mit der bedingungslosen göttlichen Liebe, die immer in meinem Wesenskern strahlt und leuchtet.«

Eigenschaften: stärkt die Selbstliebe; mildert Perfektionismus; unterstützt klare, liebevolle Kommunikation; öffnet für die »Liebe von oben«; hilft die Dinge des Alltags mit Liebe zu behandeln; wirkt hormonell ausgleichend und verdauungsfördernd.
Energiezentrum: alle Chakren.
Aufzutragen: Öl Nr. 77 kann überall am Körper angewendet werden.
Gedanken zu Nr. 77: Liebevoll und klar zu sein bedeutet, anderen Liebe entgegenzubringen und sich auch abgrenzen zu können – den eigenen Raum zu haben, für innere Erfahrungen, für Entspannung. Bei diesem Prozess hilft uns das Öl Klar über Magenta. Dieses Öl zeigt uns darüber hinaus, dass ständig völlig ausreichend geistiges Licht und Liebe vorhanden sind und wir uns nur wie ein Kelch zu öffnen brauchen, um dieses Licht einzufangen. Da niemals ein Mangel auftreten wird, können wir das Licht getrost weiterfließen lassen.

Die Gralsage
Nach einer Überlieferung ist der heilige Gral ein Kelch, in dem Joseph von Arimathia das Blut des gekreuzigten Christus aufgefangen hat. Erst später entwickelte sich in Zusammenhang mit der Artussage die Gralsage: Parzival findet nach vielen Irrfahrten den Gral und wird zum vollendeten Ritter.

Edelsteine und Edelsteinessenzen

Rubin stärkt körperliche und geistige Liebe; löst Emotionsstauungen; regt die Leidenschaft an; macht im Denken und Handeln wach; macht aktiv und spontan.
Diamant wirkt reinigend und klärend; fördert die Erkenntnis; verbindet mit dem höheren Selbst und dem Kosmos.
Diamantessenz sorgt für mentale Klarheit; vermittelt das Licht des gesamten Farbspektrums; schützt vor Negativität; unterstützt sämtliche Körperfunktionen.

Aromaöle

Ylang-Ylang ist ein warmer, süßer Duft; entspannt und entkrampft; wirkt erotisierend und euphorisierend.

Rose, die Königin der Blumen, öffnet für die Liebe; tröstet bei Verlust, Kummer, Trauer; wirkt antidepressiv.

Blütenessenzen

Bach-Blüten: Centaury, Red Chestnut.

Kauai-Flower-Essenzen: Spirit Connection hilft dabei, sich der liebenden Hilfe und Unterstützung spiritueller Führung zu öffnen; löst Gefühle geistiger Einsamkeit auf.

Orchideenessenzen: Channeling Orchid fördert die direkte Kommunikation mit der göttlichen Quelle und der geistigen Führung; hilft mediale Botschaften anzunehmen. Bitte nur zusammen mit Diamantessenz einnehmen.

Meditation »Heiliger Gral«

Schließen Sie Ihre Augen, entspannen Sie sich, und visualisieren Sie einen Gral, jenen sagenhaften Kelch, nach dem in der Gralsage so viele suchten. Sehen Sie Ihren Kelch in voller Schönheit in der Sonne glänzen. Nun setzen Sie ihn behutsam in Ihr Herzzentrum ein. So tragen Sie ihn immer mit sich, Licht fließt unaufhörlich in ihn hinein. Dieses Licht verteilt sich im ganzen Körper und fließt weiter in Ihre Umgebung.

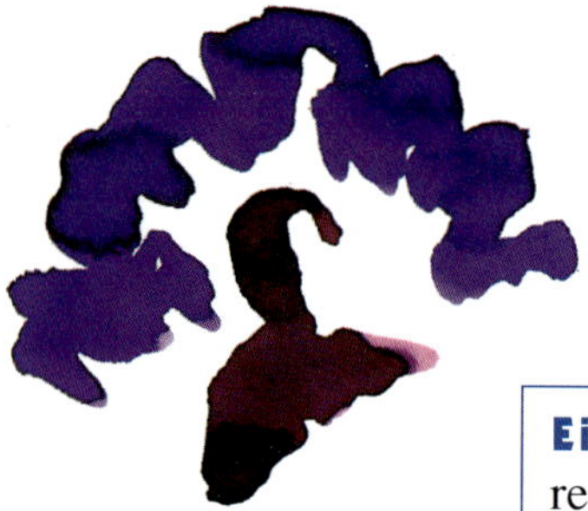

Nr. 78 Kronen-Notfallflasche

VIOLETT ÜBER TIEFMAGENTA

»Ich bin.«

Geburt und Tod

Anders als im Christentum wird im tibetischen Buddhismus der bewusste Sterbeprozess und das bewusste Eintreten in die neuen Dimensionen gelehrt. Der Zyklus von Geburt und Tod wird als natürliche Einheit gesehen.

Eigenschaften: hilft Schicksalsschläge aus einer größeren Perspektive zu betrachten; hilft dabei, sich der göttlichen Führung anzuvertrauen; hilft die Worte »dienen« und »Demut« zu verstehen; hilfreich bei Meditation, Gebet und der tiefen inneren Suche nach spirituellem Verstehen; nimmt die Angst vor dem Sterben und erleichtert das Hinübergehen; bringt Licht in verdrängte Schattenbereiche; hilft bei Kopfschmerzen, Migräne und bei akuten Schmerzzuständen.
Energiezentrum: Kronenchakra.
Aufzutragen: um den Haaransatz, auf den Übergang Halswirbel/Schädel, auf das Dritte Auge.
Gedanken zu Nr. 78: Dieses Öl ist das erste Öl, das nach dem Tode von Vicky Wall von ihrem Nachfolger Mike Booth »geboren wurde«.
Das Öl Nr. 78 lenkt unsere Aufmerksamkeit auf das in unserer Gesellschaft tabuisierte Thema »Tod«. Stirbt ein uns nahe stehender Mensch, reagieren wir panisch und hilflos. Den Tod haben wir aus unserem Leben ausgegrenzt. Gestorben wird unauffällig in einer Klinik oder in einem Altenheim, selten im Kreis der Familie. Von anderen Kulturen könnten wir lernen, den Tod in unser Leben zu integrieren, und damit den Sinn des Lebens viel tiefer begreifen und letztendlich intensiver leben.

Edelsteine und Edelsteinessenzen

Amethyst wirkt beruhigend, schenkt Vertrauen und Frieden.
Schwarzer Turmalin schützt; erdet spirituelle Erfahrungen.
Schwarze Turmalinessenz löst negative Energien auf.

Aromaöle

Lavendel wirkt ausgleichend, entspannend, besonders im Kopfbereich; steigert die Abwehr.

Blütenessenzen

Bach-Blüten: Willow, Wild Rose, Elm, Gentian, Walnut.

Kauai-Flower-Essenzen: Spirit Connection stärkt das Wissen, nicht alleine zu sein, liebevoll umsorgt, beschützt und geführt zu werden.

Orchideenessenzen: Angel of Protection Orchid wirkt intensiv schützend und mit der göttlichen Führung verbindend; stärkt das Urvertrauen.

Die Orchideenessenz Angel of Protection sollten Sie bitte ausschließlich zusammen mit der Schwarzen Turmalinessenz verwenden.

Meditation »Unendlichkeit«

Sie stehen auf einer weiten Ebene. Über Ihnen wölbt sich ein unendlicher Sternenhimmel. Sie spüren eine intensive, liebevolle Verbindung über Ihren Kopf zu den Sternen. Sie fühlen sich von silbrigen Sternenlichtschnüren tief innen gehalten und berührt. Sie atmen tief und fühlen Verbundenheit mit allem, was ist. Sie spüren ganz tief in sich, dass Sie nie allein sein werden, dass Sie auch in der scheinbar dunklen Nacht immer von einem Licht begleitet werden.

Kommen Sie nun langsam wieder zurück ins Hier und Jetzt.

Nr. 79 Die Straußflasche

ORANGE ÜBER VIOLETT

»Ich stelle mich den Herausforderungen in meinem Leben, da sie mir geistiges Wachstum erst ermöglichen.«

Farbsynthese
Ein weißer Lichtstrahl, über ein Prisma geschickt, wird in die Farben des Regenbogens gebrochen. Die Regenbogenfarben gliedern sich in die Primärfarben Rot, Blau, Gelb, die Sekundärfarben Orange, Grün, Violett und die Tertiärfarben Koralle, Gold, Oliv, Türkis, Indigo, Magenta. Die Synthese aus allen Farben ergibt Tiefmagenta.

Eigenschaften: hilft dabei, sich Ängsten, vor denen man immer wieder flieht, zu stellen, und hilft auch dabei, diese Ängste aufzulösen; unterstützt Entscheidungen; hilft die Herausforderungen des Lebens anzunehmen; heilt spirituelle Schocks; hilft Folgen von Trauer und Verlust zu überwinden; hilft tiefen inneren Frieden zu finden; unterstützt Suchttherapien; heilt Beziehungen, die mit Abhängigkeit und Coabhängigkeit zu tun haben; fördert Unabhängigkeit, Selbstbewusstsein und Selbstliebe; fördert die Sexualität und hilft sexuelle Probleme zu lösen.
Energiezentrum: Sakralchakra und Kronenchakra.
Aufzutragen: rund um den Unterleib; am Haaransatz; auf beide Fußsohlen.
Gedanken zu Nr. 79: In dieser Flasche »stehen« die Farben »Kopf«. Violett, die Farbe des Kronenzentrums, unter Orange, der Farbe des Sakralzentrums. Dieses Öl hilft uns, den Kopf »aus dem Sand« (Vogel Strauß!) zu nehmen und klar die Situation zu überblicken. Darüber hinaus unterstützt es uns, die nötigen Schritte zu tun, die sich anschließen müssen, um die Situation zu verändern.

Edelsteine und Edelsteinessenzen

Amethyst wirkt beruhigend; schenkt Vertrauen und fördert tiefen inneren Frieden und Ruhe; hilft beim Erkennen des großen Ganzen.
Karneol gibt Standfestigkeit und Mut, bringt Realitätssinn; wirkt stoffwechselanregend.
Amethystessenz fördert die Intuition und das Meditieren.

Aromaöle

Sandelholz wirkt wärmend, beruhigend und ausgleichend; harmonisiert; wirkt aphrodisisch.

Blütenessenzen

Bach-Blüten: Pine, Rescue, Star of Bethlehem.
Kauai-Flower-Essenzen: Shock and Trauma unterstützt das Loslassen von Schocks, Traumata, Ängsten und Spannung und hilft dabei, sich für die Heilung zu öffnen.
Orchideenessenzen: Psycho Orchid hilft uns, tief in unser Inneres vorzudringen, uns zu erkennen, unsere Aufgabe zu erkennen und uns geschützt zu fühlen. Diese Blüte eignet sich besonders gut für jede Art von Psychotherapie.
Bitte nehmen Sie die Blütenessenz Psycho Orchid nur zusammen mit der Amethystessenz ein.

Kreativ-meditativer Vorschlag

Beantworten Sie für sich selbst folgende Fragen:
Wovor laufe ich davon?
Wovor habe ich Angst?
Kompensiere ich die Angst durch Süchte?
Was ist mein Ziel?
Was hilft mir, dieses Ziel zu erreichen?
In welcher Reihenfolge will ich vorgehen?
Womit fange ich JETZT konkret an?

Nr. 80 Artemis

ROT ÜBER PINK

»Ich verbinde mich bewusst mit der grenzenlosen Kraft, die mir immer aus meiner Mitte heraus zur Verfügung steht.«

Geballte Energie

Rot ist Feuer, Energie, Tatkraft, Aktivität, Erregung. Rot wirkt wachstumsfördernd, regt Durchblutung und Atmung an.

Eigenschaften: ist Energie spendend und vitalisierend; unterstützt die Selbstliebe und die Selbstachtung; fördert den kreativen sexuellen Ausdruck; hilft alte sexuelle und emotionale Verletzungen aufzulösen; harmonisiert das Hormonsystem; gibt Vertrauen in die Materie (z. B. Finanzen); stärkt den Mut und gibt die Kraft, aktiv zu werden und die eigenen Visionen »auf die Erde« zu bringen.
Energiezentrum: Basischakra.
Aufzutragen: rund um Unterbauch und Becken; auf beide Fußsohlen.
Gedanken zu Nr. 80: Das Öl Artemis kann uns dabei helfen, unsere Erotik voller Freude zu leben und diese Urkraft darüber hinaus auch in eine kreative Ausdrucksform zu lenken. Das Öl Nr. 80 erlebe ich in der Praxis oft als »Anstoß«, wenn Menschen noch bezüglich der Umsetzung bestimmter Visionen, z. B. von beruflichen Plänen, Ausbildungen, zögern, sich jedoch innerlich nach diesem Schritt sehnen.

Edelsteine und Edelsteinessenzen

Rubin stärkt körperliche und geistige Liebe; löst Emotionsstauungen; regt die Leidenschaft an; macht im Denken und Handeln wach; macht aktiv, spontan; steigert seelisches und körperliches Kräftepotenzial.
Rubinessenz schenkt Vitalität; unterstützt das Herz und die Fortpflanzungsorgane; fördert die Liebe zu sich selbst und zu den Mitmenschen; sensibilisiert für alles Mitmenschliche; stärkt Liebe und Treue.

Aromaöle

Rosengeranie wirkt beruhigend, ausgleichend und antidepressiv.
Ylang-Ylang wirkt euphorisierend und erotisierend.
Sandelholz wärmt, beruhigt und harmonisiert.

Blütenessenzen

Bach-Blüten: Walnut, Rescue, Rock Rose.
Kauai-Flower-Essenzen: Sexuality Booster hilft die Freude der Sexualität neu zu erleben.
Orchideenessenzen: Aggression Orchid löst Blockaden im ersten Chakra; hilft dabei, frei werdende Aggressionen neu zu integrieren. Diese Blüte ist extrem energiereich. Bitte testen Sie die Blütenessenz vorher ganz sorgfältig, und nehmen Sie Aggression Orchid nur in Kombination mit Rubinessenz ein.

Kreativ-meditativer Vorschlag

Kleiden Sie sich in Rottöne (für Frauen: inklusive Lippenstift), und spüren Sie, wie Sie sich in dieser Kleidung fühlen. Wie reagiert Ihre Umgebung?
Besuchen Sie einen Kurs für Orientalischen Tanz/Bauchtanz, um sich der Kraft Ihres Beckens, Ihres Bauches bewusster zu werden.
Tanzen Sie zu orientalischer Musik.
Tauchen Sie Ihr Schlafzimmer in rotes Licht, indem Sie rote Glühbirnen einschrauben oder ein rotes Tuch über die Lampe hängen.

Nr. 81 Bedingungslose Liebe

PINK ÜBER PINK

»Ich verbinde mich bewusst mit der bedingungslosen Liebe, die in jedem Augenblick tief in mir strahlt und leuchtet.«

Vielseitig
Rosengeranie hat blutreinigende, das Immunsystem stimulierende und antiseptische Wirkung. Der Duft des ätherischen Öls harmonisiert den Hormonhaushalt und wirkt gegen Hautprobleme.

Eigenschaften: stärkt die Selbstliebe; umhüllt uns mit Wärme und dem Gefühl von Geborgenheit; unterstützt die Intuition; öffnet für bedingungslose Liebe; hilfreich in Beziehungskrisen, um den Partner so zu akzeptieren, wie er ist; emotional entspannend; gleicht hormonell aus.
Energiezentrum: Basischakra.
Aufzutragen: rund um Unterbauch und Becken; rund um das Herz; auf beide Fußsohlen.
Gedanken zu Nr. 81: Was bedeutet bedingungslose Liebe? Liebe vom Herzen ausströmen zu lassen, ohne die geringste Erwartung, etwas dafür zu erhalten oder genauso geliebt zu werden. Liebe zu verströmen, ohne daran Bedingungen zu knüpfen. Auch Menschen, Tieren, Pflanzen, allen Dingen mit dieser Liebe zu begegnen, die uns in ihrem Verhalten, Auftreten oder Aussehen fremd sind, gegen die wir vielleicht sogar ein Vorurteil hegen. Um bedingungslose Liebe zu leben, brauchen wir erst einmal die Liebe zu uns selbst, das Wissen, dass wir selbst göttlich sind und Liebe uns in unendlicher Fülle immer und jederzeit zur Verfügung steht. Damit sind wir nicht mehr so abhängig von persönlicher liebevoller Zuwendung der anderen. Wenn uns auf dieser Basis Liebe entgegenströmt, können wir sie voller Freude annehmen und darin »baden«.

Edelsteine und Edelsteinessenzen

Rosenquarz stärkt die Selbstliebe; öffnet für alles Schöne.
Rosenquarzessenz öffnet Herzchakra; schützt vor Strahlen.

Aromaöle

Rose, Königin der Blumen, harmonisiert das Herzzentrum und öffnet für die Liebe; tröstet bei Verlust und Trauer.
Rosengeranie beruhigt, gleicht aus; wirkt antidepressiv.

Blütenessenzen

Bach-Blüten: Rescue, Star of Bethlehem, Mimulus, Rock Rose.
Kauai-Flower-Essenzen: Divine Love stärkt das Vertrauen in die göttliche Liebe, um göttliche Liebe annehmen und ausstrahlen zu können.
Orchideenessenzen: Heart Orchid fördert das »Sehen mit dem Herzen«; transformiert egoistische Emotionen. Bitte nehmen Sie die Essenz Heart Orchid nur zusammen mit der Rosenquarzessenz ein.

Kreativ-meditativer Vorschlag

Gönnen Sie sich ein »Selbstverwöhnungswochenende«:
Genießen Sie nur angenehme Dinge, z. B. eine Entspannungsmassage, einen Saunabesuch – und dann mit dem rosa Öl Nr. 81 den ganzen Körper einölen.
Ein Rosenbad nehmen – in eine Tasse Honig fünf Tropfen Rosengeranienöl einrühren, im Badewasser auflösen, Rosenblätter dazustreuen.
Sich Zeit für Zärtlichkeit, Erotik nehmen.
»Think pink!« Dem eigenen Körper, jeder Zelle voller Liebe zulächeln.

Nr. 82 Calypso

GRÜN ÜBER ORANGE

»Ich erinnere mich daran, dass ich frei und unsterblich geschaffen wurde. Ich bin, und ich werde immer sein.«

Orange
Die Farbe Orange macht fröhlich, wirkt aufbauend, kräftigend und ist gesundheitsfördernd. In der Farbtherapie wird Orange eingesetzt, um Nieren und Drüsen anzuregen.

Eigenschaften: hilft alte tiefe Schocks aufzulösen; unterstützt dabei, Süchte loszulassen; wirkt antidepressiv; hilft dabei, sich auf einen Neuanfang einzustellen; bringt Weite und Klarheit ins Herzzentrum; unterstützt uns dabei, alte Vaterprobleme zu lösen; hilft das Herz wieder für die Freuden des Lebens zu öffnen.
Energiezentrum: Sakralchakra und Herzchakra.
Aufzutragen: um den gesamten Rumpf herum; auf beide Fußsohlen.
Gedanken zu Nr. 82: Das bewusste Loslassen alter Schocks und Verletzungen ist außerordentlich wichtig (in diesem Öl durch das Orange symbolisiert), damit Neues wachsen kann (Symbol: das Grün). Loslassen bedeutet, dem anderen und auch sich selbst zu verzeihen. Gespeicherte Schocks, Verletzungen, Groll und Hass entziehen Ihnen auf Dauer viel zu viel Energie, die Sie für ein freudvolles Leben unbedingt brauchen.

Edelsteine und Edelsteinessenzen

Smaragd hilft alte Muster aufzulösen; fördert ein liebevolles Gefühl der Verbundenheit mit allen Wesen; wirkt erfrischend, regenerierend und angstauflösend.
Malachit wirkt heilend, transformierend; hilft unterbewusste Strukturen ans Licht zu bringen; ist ausgleichend und entgiftend.
Smaragdessenz fördert Liebe und Weisheit; stärkt die Verbindung zum höheren Selbst; regt Selbstheilungskräfte an; hilft bei Grippe, Gicht, Rheuma, Diabetes, Kopfschmerzen.

Aromaöle

Zeder ist beruhigend, angstauflösend und entkrampfend; wärmt und harmonisiert. Nicht bei Schwangerschaft anwenden!
Bergamotte wirkt antidepressiv, angstauflösend; muntert auf und entspannt die Nerven; ist antiseptisch.

Blütenessenzen

Bach-Blüten: Rescue, Walnut.
Kauai-Flower-Essenzen: Shock and Trauma unterstützt das Loslassen von Schocks, Traumata, Ängsten sowie Spannungen und hilft dabei, sich für die Heilung zu öffnen.
Orchideenessenzen: Venus Orchid öffnet für Liebe, Sanftheit, Verständnis und Mitgefühl.
Bitte nehmen Sie die Blütenessenz Venus Orchid nur zusammen mit der Smaragdessenz ein.

Atemübung »Orange/Grün«

Sie visualisieren orangefarbenes Licht. Sie atmen dieses Licht durch Ihr Scheitelzentrum ein, lassen es bewusst durch Ihr Stirnzentrum und Kehlkopfzentrum fließen. Sie bilden eine orangefarbene Lichtkugel im Bereich Ihres Herzzentrums. Mit dem Ausatmen lassen Sie diese durch Solarplexus, Sakral- und Basiszentrum bis hinunter in die Erde fließen. Lassen Sie alte Muster sowie Ängste sich dabei auflösen und mit dem orangefarbenen Licht abfließen. Zum Abschluss atmen Sie in Ihrer Vorstellung frisches, klares, grünes Licht ein und baden Ihren Körper darin.

Nr. 83 Sesam, öffne dich!

TÜRKIS ÜBER GOLD

»Ich erinnere mich voller Freude an die innere Weisheit, die mich tief in meinem Wesenskern erfüllt.«

Eigenschaften: hilft die innere Weisheit zu erspüren; unterstützt den kreativen Ausdruck dieser inneren Weisheit; fördert die Umsetzung von Vorstellungen; fördert das Lehren alter Weisheiten »mit Herz«; fördert die Kommunikation mit vielen Menschen; fördert innere Klarheit und Struktur; öffnet für das tiefe Wissen alter Kulturen.
Energiezentrum: Sakralchakra, Solarplexus, Herzchakra, Kehlkopfchakra.
Aufzutragen: rund um den gesamten Rumpf herum; auf beide Fußsohlen.
Gedanken zu Nr. 83: Jeder von uns trägt einen »goldenen Schatz« alter Erfahrungen, alten Wissens in sich herum. Leider wurde der kreative Ausdruck dieser inneren Quelle oft schon in der frühen Kindheit gebremst mit Hinweisen wie: »Träum nicht. Sei vernünftig. Das Leben ist hart genug. Hab keine Flausen im Kopf.« Später bremsten Sie sich dann selbst.
Sie haben jetzt die Möglichkeit, diese Bremsen zu lösen. Es gibt keinen Grund, warum Sie nicht ein innerlich erfülltes, leuchtendes, kreatives Leben führen sollten. Das Öl Nr. 83 lädt Sie dazu ein.

Eingefangenes Sonnenlicht
Rutilquarz ist ein Stein, der in der Antike als Schutzstein und Stein der Wahrheit verehrt wurde. Seine starke Wirkung führte man auf das in diesem Stein »eingefangene Sonnenlicht« zurück.

Edelsteine und Edelsteinessenzen

Rutilquarz unterstützt den Prozess der Selbsterkenntnis; stärkt die Klarheit und das Erinnerungsvermögen.
Gold unterstützt geistige Visionen.
Rutilquarzessenz stärkt Klarheit und Selbsterkenntnis; wirkt inspirierend und stimulierend.

Aromaöle

Muskatellersalbei wirkt euphorisierend, anregend, belebend, vitalisierend und gleichzeitig tief entspannend.

Blütenessenzen

Bach-Blüten: Rescue.
Kauai-Flower-Essenzen: Manifesting hilft dabei, mit mentaler Klarheit schöpferisch im Leben zu arbeiten und neue Ideen Wirklichkeit werden zu lassen.
Orchideenessenzen: Sun Orchid öffnet den Solarplexus für die Aufnahme von kosmischem Licht; verbindet den Solarplexus mit höheren Zentren; bringt unser Ego ins Gleichgewicht und in Harmonie zu den kosmischen Gesetzen.
Bitte nehmen Sie die Blütenessenz Sun Orchid nur zusammen mit der Rutilquarzessenz ein.

Meditation »Tempel der Weisheit«

Wandern Sie im Geiste über eine Tempelanlage. Sie gehen langsam, meditativ. Es ist warm. Sonnenlicht umgibt Sie, Sie haben die Möglichkeit, in den Tempel der Heilung, den Tempel der Klänge, den Tempel der Kristalle oder den Tempel der Künste einzutreten. Wählen Sie Ihren Tempel, und treten Sie ein. Beobachten Sie, was auf Sie zukommt. Sie fühlen sich auf Anhieb zu Hause. Zum richtigen Zeitpunkt werden Sie wieder aus dem Tempel hinausbegleitet. Sie nehmen nun so viel von den Strahlen der Abendsonne auf, wie Sie möchten.

Nr. 84 Kerze im Wind

PINK ÜBER ROT

»Ich verbinde mich mit der grenzenlosen Energie, die mir jederzeit aus meiner Mitte heraus zur Verfügung steht.«

Für Ihr Herz
Alle rosafarbenen Steine fördern Liebe, Selbstachtung und Selbstwertgefühl.

Eigenschaften: unterstützt das Gefühl von tiefer Liebe und das Mitgefühl mit allem; unterstützt das Hormonsystem; hilft Sexualität zu genießen; spendet Energie, vitalisiert; unterstützt Selbstliebe und Selbstwertgefühl.
Energiezentrum: Basischakra.
Aufzutragen: rund um den Unterbauch; auf beide Fußsohlen.
Gedanken zu Nr. 84: Dieses Öl kann eine Hilfe dabei sein, sexuelle Muster zu erkennen und gewohnte Bahnen zu verlassen. Wie wurde Ihnen Sexualität vorgelebt? Inwieweit gestatten Sie es sich, Leidenschaft in der Realität zu leben? Was möchten Sie in Ihrer Sexualität leben, erleben? Können Sie sich fallen lassen? Das Öl Nr. 84 zeigt auch, dass all diese Gefühle mit dem Licht vereinbar sind, mit Liebe und Mitgefühl betrachtet werden können.

Edelsteine und Edelsteinessenzen

Rubin stärkt körperliche und geistige Liebe; löst Emotionsstauungen auf; regt körperliche und emotionale Leidenschaft an; macht im Denken und Handeln wach; macht aktiv und spontan.

Rosenquarz stärkt die Selbstliebe; öffnet für alles Schöne; hilft Emotionen loszulassen und zu vergeben; heilt.

Rubinessenz fördert Selbstliebe und Nächstenliebe; gibt Vitalität; stärkt die Fortpflanzungsorgane und unterstützt Herz und Kreislauf.

Rosenquarzessenz öffnet das Herzchakra für Liebe und Vertrauen; fördert die Geweberegeneration der Nieren.

Aromaöle

Rosengeranie wirkt hormonell ausgleichend und außerdem aphrodisisch.

Rose, die Königin der Blumen, öffnet für die Liebe; tröstet bei Verlust, Kummer und Trauer.

Blütenessenzen

Bach-Blüten: Walnut, Rescue, Rock Rose.

Kauai-Flower-Essenzen: Sexuality Booster hilft die Freude der Sexualität neu zu erleben.

Orchideenessenzen: Aggression Orchid löst Blockaden im ersten Chakra; hilft dabei, frei werdende Aggressionen neu zu integrieren. Diese Blüte ist extrem energiereich.

Bitte testen Sie Aggression Orchid vorher gründlich, und nehmen Sie die Essenz nur zusammen mit der Rubinessenz ein.

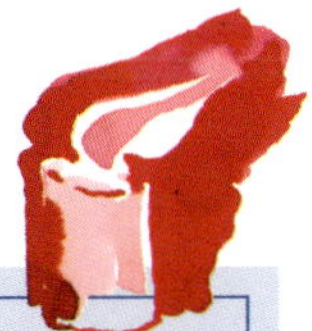

Atemübung »Rosarot«

Sie setzen sich aufrecht hin, lassen mit jedem Ausatmen Ihre Gedanken los, konzentrieren sich auf die Farbe Rosa: Atmen Sie rosarotes Licht durch Ihr Scheitelchakra ein und durch Ihr Herzchakra wieder aus. Atmen Sie weiter, und legen Sie in das Ausatmen das Gefühl von Liebe hinein, Liebe zu allen Wesen und Liebe für die Erde. Spüren Sie Ihr liebevolles Sein. Sie sind Licht.

Langsam kommen Sie wieder zurück. Das liebevolle Gefühl im Herzen begleitet Sie weiter.

Nr. 85 Titania

TÜRKIS ÜBER KLAR

»Ich verbinde mich mit meiner inneren Herzenswahrheit, die ich mit Freude und Klarheit ausdrücke.«

Eigenschaften: unterstützt den Gefühlsausdruck; fördert den kreativen Ausdruck; wirkt entspannend; hilft tief durchzuatmen; bringt in Kontakt mit dem »inneren Lehrer«; hilft gegen Lampenfieber; hilft dabei, selbst mit Klarheit und Gefühl zu lehren; öffnet für neue Technologien; wirkt kühlend.
Energiezentrum: Herzchakra, Kehlkopfchakra.
Aufzutragen: um den gesamten Brust- und Halsbereich herum; auf beide Fußsohlen.
Gedanken zu Nr. 85: Das Öl Titania hat mir schon sehr bei Vorträgen und Veranstaltungen vor vielen Menschen geholfen. Ich spüre auch immer sehr deutlich folgenden Zusammenhang: In dem Moment, wenn ich einen Herzenskontakt zum Publikum aufbaue, wenn der Funke von meinem Herzen zu den Herzen meines Publikums überspringt, schwindet sofort mein Lampenfieber; die Angst verfliegt, die Anspannung lässt nach, und der kreative Ausdruck kann frei fließen.

Lampenfieber »wegatmen«
Wenn es Ihnen vor Angst und/oder Lampenfieber den Atem verschlägt, dann probieren Sie einmal Folgendes: Atmen Sie den türkisfarbenen Pomander tief ein, dehnen Sie Ihren Atem in den gesamten Körper hinein aus. Sie werden dadurch ruhiger und gelassener.

Edelsteine und Edelsteinessenzen

Bergkristall wirkt klärend, reinigend und entgiftend; harmonisiert; hilft den Kontakt zum höheren Selbst zu stärken; verstärkt die Schwingung anderer Heilsteine.
Bergkristallessenz unterstützt die Funktionen von Haaren, Haut und Knochen; stimuliert die Drüsen und fördert das Herz und die Lunge; schafft außerdem mentale Ordnung und verbindet mit dem höheren Selbst; vermittelt auch eine lichtvolle Schwingung.

Aromaöle

Rosmarin wirkt nervenstärkend, klärend; ist konzentrationsfördernd; wirkt herzstärkend und antiseptisch. Nicht bei Bluthochdruck und bei Schwangerschaft anwenden!

Blütenessenzen

Bach-Blüten: Rescue, Oak, Olive, Crab Apple.

Kauai-Flower-Essenzen: Clearing Negativity klärt negative Erfahrungen auf Gedanken-, Gefühls- und spiritueller Ebene.

Orchideenessenzen: Higher Self Orchid verbindet uns mit unserem höheren Selbst; hilft uns, Perspektiven zu erweitern, mit der geistigen Welt in Kontakt zu treten; verbindet uns mit der göttlichen Liebe. Bitte nehmen Sie die Blütenessenz Higher Self Orchid nur in Kombination mit der Bergkristallessenz ein.

Meditation »Gebirgsbach«

Sie wandern an einem klaren Gebirgsbach entlang. Weit oben in den Bergen suchen Sie sich neben dem Bach einen Platz in der Sonne. Sie halten Ihre Hände ins Wasser und benetzen Ihre Stirn. Sie spüren, wie alte Spannungen in Ihrem Körper vom Strom des Gebirgsbachs herausgespült werden. Leiten Sie diese Spannungen mit jedem Ausatmen in das Wasser hinein. Nehmen Sie Klarheit und Frische mit jedem Atemzug in Ihren Körper auf.

Nr. 86 Oberon

KLAR ÜBER TÜRKIS

»Ich verbinde mich mit meiner inneren Herzenswahrheit, die ich klar und voller Freude ausdrücke.«

Eigenschaften: hilft mit dem Herzen »klar zu sehen« und Gefühle klar auszudrücken; fördert Kreativität; fördert Lehrerqualitäten; hilft tiefen Kontakt mit der Gefühlsebene zu bekommen; wirkt balancierend und harmonisierend für die Emotionalebene; hilft alte Gefühlsblockaden zu lösen; unterstützt Herz und Lunge.
Energiezentrum: Herzchakra, Kehlkopfchakra.
Aufzutragen: um den gesamten Brustraum und Hals herum; auf beide Fußsohlen.
Gedanken zu Nr. 86: Für uns alle, in dieser oft hektischen und stressigen Zeit, ist es außerordentlich wichtig, immer wieder einmal innezuhalten und den Kontakt zur Gefühlsebene aufzunehmen: Was fühle ich im Herzen? Oder denke ich nur, dass ich fühle? Es erfordert durchaus Mut, die eigenen Herzensgefühle kommunikativ oder kreativ auszudrücken – so klar wie möglich. Es lohnt sich jedoch bestimmt, denn tiefe Herzensbegegnungen, Herzensfreundschaften - und tief in uns sehnen wir uns doch danach – können wir nur auf der Basis von Offenheit und Gefühlsausdruck wachsen.

Reinigung
Weiß ist die Farbe der Läuterung und Reinigung; sie enthält die Schwingung des kompletten Farbspektrums.

Edelsteine und Edelsteinessenzen

Bergkristall wirkt klärend, reinigend und entgiftend; harmonisiert; hilft den Kontakt zum höheren Selbst zu stärken.
Bergkristallessenz unterstützt die Funktionen von Haaren, Haut und Knochen; stimuliert die Drüsen und fördert Herz und Lunge; schafft mentale Ordnung und vermittelt lichtvolle Schwingungen.

Aromaöle

Rosmarin wirkt nervenstärkend, klärend; ist konzentrationsfördernd; wirkt herzstärkend und antiseptisch. Nicht bei Bluthochdruck und bei Schwangerschaft anwenden!

Blütenessenzen

Bach-Blüten: Rescue, Oak, Olive, Crab Apple.

Kauai-Flower-Essenzen: Clearing Negativity klärt negative Erfahrungen auf Gedanken-, Gefühls- und spiritueller Ebene.

Orchideenessenzen: Higher Self Orchid verbindet uns mit unserem höheren Selbst; hilft uns, Perspektiven zu erweitern, mit der geistigen Welt in Kontakt zu treten; verbindet uns mit der göttlichen Liebe. Bitte wenden Sie die Blütenessenz Higher Self Orchid nur in Kombination mit der Bergkristallessenz an.

Meditation »Dein Name im weißen Kristalllicht«

Sie hören Kristallklänge, Sie sehen sich und Menschen mit langen Gewändern in einem Kreis stehen. Jeder hält einen Bergkristall in der Hand, der mit der Spitze zu einem riesigen Bergkristall in der Mitte des Kreises hinzeigt. Jeder im Kreis singt nun seinen Namen. Sie sind an der Reihe, atmen tief ein, singen die Silben Ihres Namens. Sie spüren die Resonanz in Ihrem Herzen. Nun singen die anderen für Sie Ihren Namen. Sie nehmen den Klang wie ein Geschenk in Ihr Herz auf. Die Menschen im Kreis sind durch weißes Licht verbunden, und von dem Kristall in der Mitte geht eine weiße Lichtfontäne aus.

Nr. 87 Ohne Namen

KORALLE ÜBER KORALLE

»Ich spüre bewusst meine Weite und Freiheit, die mich in jedem Augenblick tief in meinem Wesenskern erfüllt.«

Eigenschaften: hilft alte Verletzungen aufzulösen, besonders in Hinsicht auf Liebe und Vertrauen; unterstützt Selbstliebe und Selbstwertgefühl; heilt alte Schocks; hilft Schmerzen, die mit unerwiderter Liebe zusammenhängen, aufzulösen; hilft innere Verletzungen, die durch Missbrauch entstanden sind, aufzulösen; hilft dabei, sich von Abhängigkeiten zu lösen; wirkt kreislaufanregend; unterstützt die Bauchorgane, besonders die Galle.
Energiezentrum: Sakralchakra.
Aufzutragen: rund um Bauch und Unterleib; auf die Fußsohlen und besonders die Fußseiten (Knöchelgegend).
Gedanken zu Nr. 87: Das Öl Nr. 87 ist häufig – wenn die Farbe Sie anzieht – ein sehr geeignetes Öl zum Start der Aura-Soma-Behandlung. Nachdem Gefühle von unerwiderter Liebe, alte emotionale Verletzungen und alte Schocks geheilt wurden, können Sie sich dann weiteren Energieblockaden im Körper zuwenden. Das Öl Koralle über Koralle lässt sich ideal mit dem orangefarbenem Pomander sowie der Quintessenz Lao Tsu und Kwan Yin kombinieren.

Korallen

Korallen sind keine Steine im engeren Sinne, sondern Skelette organischer Meereslebewesen. Korallenriffe finden sich in allen warmen Meeren dieser Erde. Die begehrten und heute geschützten roten Korallen finden wir allerdings nur im östlichen Mittelmeer, auf den Kanarischen Inseln, in japanischen und australischen Gewässern.

Edelsteine und Edelsteinessenzen

Karneol gibt Standfestigkeit, Mut und Realitätssinn.
Rosa Turmalin hilft alte emotionale Herzenswunden zu heilen; öffnet für Fröhlichkeit und Leichtigkeit.
Rosenquarzessenz lässt uns unsere Ängste und Sorgen vergessen; »trocknet« unsere Tränen; beschützt uns.
Rosa Turmalinessenz gibt Kraft, um neu zu beginnen.

Aromaöle

Bergamotte wirkt angstauflösend, nervenentspannend, antidepressiv und stimmungsaufhellend.

Neroli ist natürlich beruhigend bei Schock, Angst und depressiven Stimmungen; wirkt stabilisierend, aufbauend, schützend, stimmungsaufhellend und aphrodisisch.

Blütenessenzen

Bach-Blüten: Rescue, Star of Bethlehem.

Kauai-Flower-Essenzen: Shock and Trauma hilft dabei, sich für die Heilung zu öffnen.

Orchideenessenzen: Heart Orchid unterstützt »das Sehen mit dem Herzen«; öffnet das Herzzentrum.

Bitte verwenden Sie Heart Orchid nur zusammen mit der Rosenquarz- oder der Turmalinessenz.

Meditation »Sonnenuntergang am Canyon«

Atmen Sie tief die Wärme und die orangeroten Sonnenstrahlen ein. Baden Sie in Ihrer Vorstellung in orangefarbenem Licht. Sie sehen sich nun an einem Fluss sitzen, der in der Sonne glitzert. Dieser Fluss fließt in einem beeindruckenden Tal, einem Canyon. Die Felswände leuchten in warmen Rottönen. Sie lassen all die alten Verletzungen und die Gefühle, nicht geliebt zu werden, in diesen Fluss hineinfließen. Baden Sie weiter in orangeroten Sonnenstrahlen, und spüren Sie Ihre Liebe zur Erde, zu unserer Heimat. Sie fühlen die Erde unter Ihren Händen und nehmen ihre Wärme auf.

Nr. 88 Der Jadeherrscher

GRÜN ÜBER BLAU

»Ich verbinde mich mit der tiefen bedingungslosen Liebe zu allem, was ist.«

Jade
Aus grüner Jade werden im Fernen Osten gern kleine Glückstiere wie Schildkröten, Fische oder Drachen gefertigt und geliebten Menschen geschenkt.

Eigenschaften: stärkt die Liebe zur Natur; unterstützt die Klarheit im Herzen und hilft dabei, dem Weg des Herzens ohne Zögern, Zweifel oder Angst zu folgen; unterstützt Kreativität und Intuition; vermittelt Weite und Raum auf der Gefühlsebene; stärkt das innere Gleichgewicht; unterstützt Herzensbeziehungen; unterstützt das Herz und die Lunge.
Energiezentrum: Herz- und Kehlkopfchakra.
Aufzutragen: rund um Brustraum und Hals.
Gedanken zu Nr. 88: Dieses Öl hilft den Herz- und Lungenraum zu spüren und auszudehnen. Es macht weit, schafft Raum und lässt tief durchatmen. Es intensiviert den Zugang zur Natur und fördert das Verständnis für die natürlichen Zusammenhänge. Es macht außerdem Mut, die Herzensgefühle kreativ und kommunikativ, klar und ohne Angst auszudrücken sowie dem eigenen Herzensweg unbeirrt zu folgen.

Edelsteine und Edelsteinessenzen

Grüne Jade gilt im Fernen Osten seit Jahrtausenden als Glücksbringer; unterstützt spielerisch-spontane Seiten; wirkt ausgleichend; belebt Träume.
Aventurin wirkt entspannend und regenerierend; fördert vor allem die Herzregeneration; ist hilfreich bei allen psychosomatischen Störungen und Ängsten.
Wassermelonenturmalin-Essenz heilt das Herzzentrum; löst alte Blockaden; begünstigt die Zellerneuerung; behebt Hormonstörungen; aktiviert die Selbstheilungskräfte.

Aromaöle

Melisse wirkt antidepressiv, psychisch ausgleichend; entspannt das Nervensystem; unterstützt Herz und Lunge.

Blütenessenzen

Bach-Blüten: Walnut, Pine, Cherry Plum, Olive, Oak.
Kauai-Flower-Essenzen: Relationships hilft Muster von Furcht und Misstrauen loszulassen, um neue Beziehungen eingehen zu können.
Orchideenessenzen: Coordination Orchid regt die Selbstheilungskräfte im Körper an; unterstützt die Koordination und Organisation der Körperstrukturen; öffnet das Herz für heilende Kräfte.
Bitte verwenden Sie Coordination Orchid nur zusammen mit der Essenz des Wassermelonenturmalins.

Meditation »Pinienwald auf Kreta«

Sie sehen sich in Griechenland einen Pfad am Meer entlanggehen. Sie atmen tief die frische Luft ein, spüren, wie sich Ihr Herz in Liebe für die Natur ringsherum öffnet. Sie riechen den Duft sonnenwarmer Pinien. Der Weg wird sandiger. Sie betreten einen sonnendurchfluteten Pinienwald, atmen tief den Duft der Bäume ein. Suchen Sie sich einen Platz unter einer Pinie, mit Blick auf das tiefblaue Meer. Lassen Sie sich in den warmen Sandboden hineinsinken. Sie haben unendlich viel Zeit und Raum. Genießen Sie die Wärme, die Sonne, den Duft und die Weite.

Nr. 89 Energie-Notfallflasche

ROT ÜBER TIEFMAGENTA

»Ich verbinde mich mit der unerschöpflichen Kraft- und Energiequelle in der Tiefe meines Wesens.«

Eigenschaften: ist Energie spendend, vitalisierend und stabilisierend; fördert die Selbstheilung; hilft alten Groll, alte Wut zu transformieren; unterstützt die sexuelle Energie (bei Frigiditäts-, Impotenzproblemen); wärmt; hilft dabei, mit Materie (Geldthemen) erfolgreicher umzugehen; wirkt durchblutungsfördernd; stärkt das Immunsystem.
Energiezentrum: Basischakra.
Aufzutragen: rund um Unterbauch und Beine; auf beide Füße.
Gedanken zu Nr. 89: Dieses Öl könnte ein Bestandteil Ihrer Hausapotheke werden, denn wer von uns kennt nicht diese plötzlichen Energiemangelzustände (energielos, überarbeitet, beginnende Erkältung, Müdigkeit, Lustlosigkeit). In diesen Fällen leistet Ihnen das Öl Rot über Tiefmagenta erste Hilfe: Es gibt Ihnen neue Energie und bewahrt Sie vor Erschöpfung.
Verwenden Sie das Öl aber bitte nur, wenn die Farben Sie spontan anziehen und Sie wirklich das Gefühl haben, Ihr Körper braucht diese Farben.

Ein Öl für das Tantra
Öl Nr. 89, besonders intensiv kreisend in den Kreuzbeinbereich einmassiert, schenkt Ihnen neue Energie, kräftigt Sie und baut Sie auf. Dieses Öl wird auch gerne zur Unterstützung bei tantrischer Arbeit verwendet, um die Kundalini-Energie sanft anzuregen.

Edelsteine und Edelsteinessenzen

Rubin stärkt körperliche und geistige Liebe; löst Emotionsstauungen auf; regt die Leidenschaft an; macht im Denken und Handeln wach.
Granat schenkt Mut, Hoffnung, Zuversicht; fördert Selbstvertrauen und Lebensfreude; hilft alte Verhaltensmuster aufzulösen und löst Blockaden; harmonisiert im Sexualbereich.
Rubinessenz unterstützt Selbst- und Nächstenliebe.

Aromaöle

Sandelholz wirkt wärmend, beruhigend, ausgleichend, harmonisierend und aphrodisisch; verbindet die Kundalini-Kraft mit der Kraft der Erleuchtung.

Blütenessenzen

Bach-Blüten: Olive, Rescue.
Kauai-Flower-Essenzen: Grounding stärkt die Verbindung zur Erde; wirkt erdend und kräftigend.
Orchideenessenzen: Aggression Orchid löst Blockaden im ersten Chakra; hilft dabei, frei werdende Aggressionen neu zu integrieren. Diese Blüte ist extrem energiereich.
Bitte testen Sie die Orchideenessenz vorab sorgfältig, und nehmen Sie Aggression Orchid nur in Kombination mit der Rubinessenz ein.

Kreativ-meditativer Vorschlag

Vorschläge zum Energieauftanken: warmes Fußbad mit Meersalz und zehn Tropfen rotem Pomander im Wasser; anschließend die Füße mit Öl Nr. 89 massieren und warme, rote Socken anziehen; rote Unterwäsche sowie rote Kleidung tragen; hinter die Energie-Notfallflasche eine Lampe stellen und mit den Farben des Öls meditieren.

Nr. 90 Weisheits-Notfallflasche

GOLD ÜBER TIEFMAGENTA

»Ich verbinde mich mit der tiefen inneren Weisheit und Klarheit, die mir jederzeit zur Verfügung steht.«

Weiblicher Duft
Neroliöl wird aus der Pomeranze, auch Sauer- oder Bitterorange genannt, gewonnen. Sein Duft ist erfrischend süß und wirkt sehr weiblich.

Eigenschaften: hilft starke Ängste aufzulösen; hilft die Lage klarer zu erkennen, vor allem bei Gefühlen von Verwirrung; unterstützt das Nervensystem; wirkt entspannend und ist hilfreich bei nervösen Zuständen, bei Verdauungs- und Magenbeschwerden ohne organische Ursache; vermittelt Lebensfreude in Verbindung mit innerer, tiefer Weisheit; aktiviert; wirkt unterstützend auf die Haut.
Energiezentrum: Solarplexus und gesamtes Chakrasystem.
Aufzutragen: rund um den Bauch in Solarplexushöhe; instinktiv auf betroffene Stellen; auf beide Fußsohlen.
Gedanken zu Nr. 90: Dieses Öl könnte Bestandteil Ihrer Hausapotheke werden. Es ist das Notfallöl bei Angst, nervösen Zuständen und gefühlsmäßigen Verwirrungen. Aber verwenden Sie es nur, wenn die Farben Sie ansprechen. Ist dies nicht der Fall, greifen Sie lieber auf Öl Nr. 1, die Körper-Notfallflasche, zurück. Sie können Öl Nr. 1 genau wie Nr. 90 auftragen und auch diesselben Steine, Essenzen und ätherischen Öle dazu kombinieren.

Edelsteine und Edelsteinessenzen

Zitrin wirkt wärmend, spendet Energie; stärkt die Lebensfreude; schützt; balanciert die emotionale Ebene im Solarplexus aus; unterstützt das Nervensystem.
Zitrinessenz schenkt Zärtlichkeit und Vertrauen; unterstützt Leber und Galle; ist hilfreich bei allen Problemen der Verdauung (körperlich, seelisch und geistig).

Aromaöle

Neroli ist natürlich beruhigend bei Schock, Angst, depressiven Stimmungen; wirkt aufbauend und stabilisierend.
Zypresse tröstet. Nicht bei Schwangerschaft anwenden!
Bergamotte entkrampft den Magen-Darm-Trakt.

Blütenessenzen

Bach-Blüten: Oak, Rescue.
Kauai-Flower-Esenzzen: Clearing Negativity hilft alte Ängste und Muster an die Erde abzugeben.
Orchideenessenzen: Sun Orchid öffnet den Solarplexus; verbindet uns mit der Sonne; hilft unser Ego in Harmonie mit den kosmischen Gesetzen zu bringen.
Bitte verwenden Sie die Blütenessenz Sun Orchid nur zusammen mit der Zitrinessenz.

Kreativ-meditativer Vorschlag

Wenn Sie unter ungeklärter Nervosität, Spannung, Verwirrtheit und Ängsten leiden, nehmen Sie sich ein großes Blatt Papier und schreiben auf: Was macht mich nervös? Wovor habe ich Angst? Versuchen Sie, Ihre Situation wie ein neutraler, liebevoller Beobachter so klar wie möglich zu betrachten. Dieser Abstand hilft Ihnen, aus dem Gefühl, »in den Emotionen zu zappeln wie in einem Spinnennetz«, heraus.
Als nächsten Schritt stellen Sie sich ein Selbsthilfeprogramm zusammen: Welche Ursachen können Sie verändern? Was tut Ihnen gut? Werden Sie »Schöpfer« Ihrer Realität, werden Sie aktiv.

Nr. 91 Weibliche Führerschaft

OLIV ÜBER OLIV

»Ich erinnere mich an die unerschöpfliche Kraft und Lebensfreude, die mir jederzeit zur Verfügung steht.«

Selbstvertrauen
Eine Olivinkette, längere Zeit getragen, hilft Ihnen, mehr Selbstvertrauen und Unabhängigkeit zu entwickeln. Wenn Sie meditieren, legen Sie je einen Olivin auf Ihr Herzchakra und auf Ihren Solarplexus.

Eigenschaften: hilft uns, kraftvoll und mit Herz zu führen; stärkt die Lebensfreude; vermittelt das Gefühl von Freiheit und Unabhängigkeit; unterstützt das Selbstvertrauen und das Selbstwertgefühl; wirkt entspannend und öffnend, besonders im Brustraum; ist klärend; hilft die eigene Herzenswahrheit zu spüren; gibt Hoffnung und Mut.
Energiezentrum: Solarplexus und Herzchakra.
Aufzutragen: rund um Solarplexus und Brustkorb; auf beide Fußsohlen.
Gedanken zu Nr. 91: Dieses Öl hilft die Kraft des Solarplexus mit der Weisheit des Herzens zu verbinden. Es kann Ihnen dabei helfen, neue Bereiche in Ihrem Leben zu manifestieren. Es gibt den Mut und die Kraft dazu. Das Öl Weibliche Führerschaft unterstützt insbesondere Frauen darin, sich Führungspositionen zuzutrauen und innere Muster von Selbstzweifeln in Bezug auf ihre Führungsqualitäten aufzulösen.

Edelsteine und Edelsteinessenzen

Olivin regt Solarplexus und Herz an; vermittelt Leichtigkeit und Freude; öffnet für die Liebesenergien; löst Verkrampfungen auf allen Ebenen (körperlich, seelisch und geistig).
Olivinessenz vermittelt Frohsinn, Freude und Heiterkeit; unterstützt Leber, Galle und Pankreas.

Aromaöle

Wacholder wirkt kräftigend, aufbauend und reinigend. Bitte Wacholder nicht während der Schwangerschaft anwenden!

Zitrone wirkt erfrischend und konzentrationsfördernd; stärkt das Gedächtnis; ist aktivierend; hilft emotionale Schwierigkeiten klarer und deutlicher zu sehen; verstärkt die Lebensfreude und macht optimistisch.

Blütenessenzen

Bach-Blüten: Cerato, Mimulus.

Kauai-Flower-Essenzen: Manifesting hilft dabei, mit mentaler Klarheit schöpferisch im Leben zu arbeiten, neue Ideen Wirklichkeit werden zu lassen.

Orchideenessenzen: Fun Orchid steigert Humor und Lebensfreude; wirkt antidepressiv und entspannend; unterstützt unser »inneres Kind«. Gut für alle Therapieformen geeignet, die sich mit dem »inneren Kind« beschäftigen. Bitte verwenden Sie Fun Orchid nur mit der Olivinessenz.

Kreativ-meditativer Vorschlag

Fragen Sie sich: Was möchte ich gerne leben? Welche Ziele habe ich? Schreiben Sie diese Ziele auf, ohne Gedanken, wie »Das geht aus diesem oder jenem Grund nicht!« oder »Das schaffe ich nicht!«, größere Beachtung zu schenken. Lesen Sie Ihre Ziele, sprechen Sie sie aus, freuen Sie sich daran. Lassen Sie sich von Ihrem Herzensgefühl Schritt für Schritt näher zu Ihren Zielen führen. Trauen Sie sich: Alles ist möglich.

Nr. 92 Gretel-Flasche

KORALLE ÜBER OLIV

»Ich verbinde mich in Liebe und mit Freude mit der unerschöpflichen Kraft in meiner Mitte.«

Farbensprache
Die Farbe Koralle besteht aus zwei Teilen Rot und einem Teil Gelb. Rot wirkt vitalisierend; Gelb hilft die eigenen Kräfte auszudrücken.

Eigenschaften: unterstützt das Gefühl, sich selbst zu lieben; fördert Selbstvertrauen und Selbstwertgefühl; unterstützt neue Führungsqualitäten: weise mit Herz; hilft Frauen dabei, ihre Weiblichkeit unabhängig und mit Freude zu genießen; löst Verkrampfungen.
Energiezentrum: Sakralzentrum und Übergang Solarplexus/Herz.
Aufzutragen: rund um gesamten Bauch und Unterbauch; auf beide Fußsohlen.
Gedanken zu Nr. 92: Dieses Öl wird gerne von Frauen zu einem Zeitpunkt gewählt, an dem der Wunsch nach Selbstwertunterstützung, Unabhängigkeit und Selbstliebe groß ist.
Sie spüren vielleicht: Es geht darum, sich selbst zu lieben, Ihren eigenen Körper zu mögen, zu Ihrer weiblichen Kraft zu kommen und Führungsqualität zu zeigen.

Edelsteine und Edelsteinessenzen

Rosa Turmalin hilft alte Herzenswunden zu heilen; öffnet für Fröhlichkeit, Leichtigkeit und Selbstvertrauen.
Olivin regt Solarplexus und Herz an; vermittelt Leichtigkeit und Freude; öffnet für Liebesenergien; löst Verkrampfungen auf allen Ebenen.
Rosa Turmalinessenz gibt die Kraft für den Neubeginn; vermittelt Selbstvertrauen und führt zu höherem Wissen; ist hilfreich bei allen Herzbeschwerden und bei Depressionen.
Olivinessenz vermittelt Frohsinn, Freude und Heiterkeit; unterstützt Leber, Galle und Pankreas.

Aromaöle

Bergamotte wirkt angstauflösend, nervenentspannend, antidepressiv und stimmungsaufhellend; vermittelt Optimismus und stärkt die Lebensfreude.

Blütenessenzen

Bach-Blüten: Rescue, Star of Bethlehem, Mimulus.
Kauai-Flower-Essenzen: Will Power stärkt die mentale Klarheit; unterstützt die persönliche Kraft.
Orchideenessenzen: Fun Orchid steigert Humor und Lebensfreude; wirkt antidepressiv und entspannend; unterstützt das »innere Kind«. Eignet sich daher für alle Therapieformen, die sich mit dem »inneren Kind« beschäftigen.
Bitte verwenden Sie die Blütenessenz Fun Orchid nur zusammen mit der Olivinessenz.

Kreativ-meditativer Vorschlag

Fragen Sie sich:
Wie möchte ich meine weiblichen Qualitäten leben?
Worauf bin ich stolz?
Welche Körperteile an mir finde ich besonders schön?
Wie möchte ich meine erotischen Gefühle leben?
In welchen Bereichen möchte ich noch mehr in meine Kraft kommen?
Sprechen Sie mit Freundinnen über diese Themen: Sie können sich gegenseitig in Ihren Zielen bestärken.

Nr. 93 Hänsel-Flasche

KORALLE ÜBER TÜRKIS

»Ich verbinde mich bewusst mit meinem inneren Wesenskern und mit der Liebe und Freude, die dort strahlen.«

Heil- und Schutzstein
Türkis ist der heilige Stein der Indianer, die davon überzeugt waren, dass der Türkis den Himmel mit den Wassern der Erde verbindet. Darüber hinaus gilt er in vielen Kulturen als kraftvoller Heil- und Schutzstein.

Eigenschaften: fördert tiefe Selbsterkenntnis; unterstützt die Offenheit für neue Wissensbereiche; hilft aus dem Herz heraus zu kommunizieren; fördert kreativen Selbstausdruck, Selbstliebe und Selbstakzeptanz; wirkt entspannend und öffnend im Herz- und Lungenbereich; wärmt und entspannt den Bauchbereich.
Energiezentrum: Sakralchakra, Herzchakra und Kehlkopfchakra.
Aufzutragen: rund um Herz- und Halsbereich; rund um den Unterbauch; auf beide Fußsohlen.
Gedanken zu Nr. 93: Dieses Öl unterstützt Ihre »Reise zu sich selbst« und führt Sie hin zu der Frage: »Wer bin ich wirklich?« Es hilft Ihnen, in Ihrem Inneren nach Antworten zu suchen. Es unterstützt Sie dabei, sich schöpferisch auszudrücken.

Edelsteine und Edelsteinessenzen

Türkis wird als heiliger Stein bei vielen alten Kulturen auf der ganzen Erde geachtet; repräsentiert himmlische Energien; bietet Gesundheit und Schutz; schenkt heilende Energie; wirkt intuitionsfördernd und entgiftend.
Mondstein fördert Ihre inspirativen, träumerischen Aspekte und stärkt Selbstausdruck sowie Kreativität; hilft eigene Gefühle und die Gefühle anderer leichter zu verstehen.
Türkisessenz wirkt heilend und regenerierend auf alle Organe; ist hilfreich bei vielen psychosomatischen Erkrankungen und Neurosen.
Mondsteinessenz fördert Verständnis und Mitgefühl.

Aromaöle

Bergamotte wirkt angstauflösend, nervenentspannend, antidepressiv und stimmungsaufhellend; stärkt die Lebensfreude.

Blütenessenzen

Bach-Blüten: Walnut.

Kauai-Flower-Essenzen: Inspiration hilft dabei, selbstlimitierende Muster loszulassen und sich für die höhere Inspiration und den Ausdruck des inneren Potenzials zu öffnen.

Orchideenessenzen: Inspiration Orchid stärkt unsere Verbindung mit der Quelle; unterstützt Kreativität und Inspiration; hilft uns, mit dem Geistigen in Kommunikation und Harmonie zu leben.

Bitte verwenden Sie die Blütenessenz Inspiration Orchid nur zusammen mit Mondsteinessenz.

Kreativ-meditativer Vorschlag

Basteln Sie ein »Gefühlsbild«. Nehmen Sie ein großes Blatt Papier, und malen, schreiben, kleben Sie dort Ihre momentane Gefühlswelt auf. Lassen Sie bei der Gestaltung Ihrer Phantasie freien Lauf …

Nr. 94 Erzengel Michael

HELLBLAU ÜBER HELLGELB

»Ich erinnere mich bewusst an den Funken des geistigen Feuers in mir und fühle mich geborgen in der göttlichen Liebe.«

Eigenschaften: vermittelt geistige Klarheit; unterstützt das innere »geistige Feuer«; stärkt die Begeisterungsfähigkeit und den Enthusiasmus; hilft Ängste und Zweifel loszulassen; unterstützt den Solarplexus; hilft das große Ganze zu erkennen, zu erspüren; schenkt Freude und Vitalität; hilft dabei, zu entspannen und loszulassen.
Energiezentrum: Solarplexus, Herzchakra und Kehlkopfchakra.
Aufzutragen: rund um den Bauch, rund um den Brustkorb und rund um den Hals.
Gedanken zu Nr. 94: Dieses Öl kann uns dabei helfen, uns in unserer Kraft, unserer Begeisterung zu stärken, das »innere Feuer« zu entfachen und zum Lodern zu bringen. Wir können uns durch dieses Öl mit unserer spirituellen Kriegerenergie verbinden. Michael ist der Erzengel des Elementes Feuer und der Träger des Lichtschwertes.

Energiewirbel
Der Begriff »Chakra« stammt aus dem Sanskrit und bedeutet übersetzt: Rad, das sich dreht. Es kann Energien aufnehmen und abgeben. In der indischen Tradition werden Chakren manchmal als Lotusblüten dargestellt.

Edelsteine und Edelsteinessenzen

Rutilquarz unterstützt die Selbsterkenntnis und die Selbstverwirklichung; stärkt die Klarheit und das Erinnerungsvermögen; stärkt den Solarplexusbereich; wirkt anregend auf den Energiefluss; fördert Wohlbefinden, Harmonie und Lebenskraft.

Rutilquarzessenz bringt die Chakren in Harmonie und Einklang; inspiriert und stimuliert das Gehirn; wirkt schmerzstillend; stärkt das Immunsystem; kräftigt die Schildrüse; ist hilfreich bei Erkältungen, Stimmungsschwankungen und Depressionen; unterstützt die Geweberegeneration.

Aromaöle

Zitrone wirkt erfrischend, konzentrationsfördernd, gedächtnisstärkend und aktivierend; hilft emotionale Schwierigkeiten klarer zu sehen; verstärkt die Lebensfreude.

Blütenessenzen

Bach-Blüten: Oak.

Kauai-Flower-Essenzen: Will Power stärkt die mentale Klarheit; unterstützt die persönliche Kraft.

Orchideenessenzen: Sun Orchid öffnet den Solarplexus und verbindet uns mit der Sonne; hilft unser Ego in Harmonie mit den kosmischen Gesetzen zu bringen; verbindet den Solarplexus mit den höheren Chakren.

Bitte verwenden Sie die Blütenessenz Sun Orchid nur zusammen mit der Rutilquarzessenz.

Meditation »Erzengel Michael«

Sie setzen oder stellen sich nach Süden ausgerichtet. Sie sprechen laut oder leise: Ich lade dich, Michael, Erzengel des Südens und des Feuers, ein. Ich verbinde mich mit deiner kraftvollen Feuerenergie. Ich spüre das Feuer in meinem Körper, die Vitalität. Ich verbinde mich mit deiner Kraft und Klarheit.

Sie stellen sich nun vor, in einer kraftvollen Lichtflamme zu stehen, atmen das Licht durch Ihren gesamten Körper und in jede Zelle ein. Fahren Sie damit so lange fort, wie Sie möchten.

Nr. 95 Erzengel Gabriel

MAGENTA ÜBER GOLD

»Ich verbinde mich mit dem Fluss meiner Gefühle und spüre, wie Kraft und Energie in mich einströmen.«

Eigenschaften: hilft uns, liebevoll mit den kleinen Dingen des Alltags umzugehen und diese zu schätzen; verbindet uns mit altem Wissen und alter Weisheit in uns; hilft Gefühle tiefer zu spüren und fließen zu lassen; unterstützt auf der körperlichen Ebene alle Ausscheidungssysteme bzw. -organe wie Nieren, Harnleiter, Blase, Darm.
Energiezentrum: Sakralchakra, Solarplexus.
Aufzutragen: rund um den Bauch; auf den Unterbauch; auf beide Fußsohlen.
Gedanken zu Nr. 95: Dieses Öl kann uns dabei helfen, Gefühle tiefer zu spüren und anzunehmen. Es unterstützt uns auch dabei, all die Emotionen, die alt sind und von denen wir uns verabschieden möchten, ganz bewusst »abfließen« zu lassen. Gabriel, der Erzengel des Elementes Wasser, hilft uns dabei mit seiner ganz spezifischen Schwingung.

Ein Baum als Freund
Folgen Sie dem Rat von Vicky Wall, und suchen Sie sich einen Baum, der Sie besonders anspricht. Umarmen Sie diesen Baum wie einen guten Freund, und nehmen Sie dankbar die Energie an, die er Ihnen schenkt.

Edelsteine und Edelsteinessenzen

Amazonit fördert das Vertrauen in den Fluss des Lebens; fördert den inneren Zugang zu Pflanzen und Steinen.
Aquamarin löst Blockaden; wirkt reinigend und klärend, besonders im Hals- und Kopfbereich; unterstützt sprachliche Fähigkeiten und den Gefühlsausdruck.
Amazonitessenz fördert Bewusstwerdung und Naturverständnis.
Aquamarinessenz beruhigt die Gedanken; wirkt entgiftend auf Leber und Galle.

Aromaöle

Rosengeranie wirkt hormonell ausgleichend und beruhigend; ist antidepressiv und stimmungsaufhellend.

Blütenessenzen

Bach-Blüten: Sweet Chestnut, Hornbeam.
Kauai-Flower-Essenzen: Divine Love hilft uns, göttliche Liebe anzunehmen und auszustrahlen.
Orchideenessenzen: Amazonas-Flusspräparat.
Äußerlich anwenden: Träufeln Sie auf zwei Wattestäbchen ein wenig von der Essenz, und massieren Sie damit die Ohrmuscheln außen ein. Die Essenz löst Blockaden und regt den Energiefluss in der Wirbelsäule an.
Bitte testen Sie die Essenz vorab, und verwenden Sie sie nur zusammen mit der Aquamarinessenz.

Meditation »Erzengel Gabriel«

Sie setzen oder stellen sich nach Westen ausgerichtet hin. Sie sprechen laut oder leise: Ich lade dich, Gabriel, Erzengel des Westens und des Wassers, ein. Ich verbinde mich mit deiner sanften Wasserenergie. Ich spüre das Strömen meiner Körperflüssigkeiten, das Fließen meiner Emotionen. Ich verbinde mich mit deiner Liebe und Sanftheit. Sie stellen sich nun vor, von goldfarbenem und magentafarbenem Licht umspült zu werden.
In dieses fließende Licht geben Sie all das hinein, von dem Sie sich lösen möchten. »Füllen« Sie frei gewordene Stellen mit goldenem Licht auf.

Nr. 96 Erzengel Raphael

KÖNIGSBLAU ÜBER KÖNIGSBLAU

»Ich verbinde mich mit der tiefen Ruhe und dem vollkommenen Frieden, der jederzeit mein Innerstes erfüllt.«

Blauer Stein
Der Saphir wurde in vielen Kulturen eingesetzt, um meditative Zustände zu unterstützen. Sein blaues Licht verbindet uns mit der Unendlichkeit des Kosmos.

Eigenschaften: gibt Ruhe, Frieden, tiefe Entspannung; unterstützt die tiefe, innere Kommunikation; hilft zu vertrauen und loszulassen; vermittelt das Gefühl, auf unserer Erde und im ganzen Kosmos geborgen zu sein; hilft tiefe innere Erfahrungen auszudrücken; verbindet mit dem Himmel und den Sternen; unterstützt geistige Konzentration und Klarheit; hilft den inneren Raum und die innere Ruhe zu spüren.
Energiezentrum: Kehlkopfchakra und Stirnchakra.
Aufzutragen: rund um den Hals; auf das Dritte Auge; auf Stirn und Schläfen; auf die Ohren; auf beide Fußsohlen.
Gedanken zu Nr. 96: Das Öl Erzengel Raphael vermittelt spontan ein Gefühl tiefer Ruhe, tiefen Geborgenseins sowie tiefer Kommunikation. Der Weg in die geistige Tiefe – egal wie diese Wege in den verschiedenen Kulturen dieser Erde auch heißen mögen – führt immer über die Stille.
Ab einem gewissen Grad von Stille fehlen uns die Worte, unsere Erfahrungen zu beschreiben; wir »sind« nur noch.

Edelsteine und Edelsteinessenzen

Saphir hilft geistige Kräfte auf ein Ziel hin zu bündeln; fördert die Wissensaufnahme in Kombination mit Weisheit; unterstützt die Kommunikation mit der geistigen Führung und verfeinert die Wahrnehmung.

Lapislazuli unterstützt den klaren, um Wahrheit bemühten Ausdruck; aktiviert die Kraft des Geistes; baut Blockaden, Ängste und Vorurteile ab; fördert den Einfallsreichtum.

Aromaöle

Lavendelöl wirkt stimmungsausgleichend, entspannend, besonders im Kopfbereich; lässt Gedanken zur Ruhe kommen; steigert die Abwehr.

Blütenessenzen

Bach-Blüten: Rescue.

Kauai-Flower-Essenzen: Meditation hilft gedankliche Verwirrung loszulassen und sich für beruhigende, inspirierende, friedvolle Energien zu öffnen.

Orchideenessenzen: Higher Self Orchid stärkt Verbindung mit dem höheren Selbst; erweitert die Perspektive; fördert die Fähigkeit, mit der geistigen Welt in Kontakt zu treten; lässt uns zum klaren »Kanal« werden.

Bitte nur zusammen mit der Lapislazuliessenz anwenden.

Meditation »Zelt«

Versetzen Sie sich in Gedanken in ein Beduinenzelt in der Wüste. Sie sitzen vor einem warmen Feuer, genießen das schützende Zelt um sich herum. Eine Decke liegt über Ihren Schultern. Sie treten nun vor das Zelt und betrachten den unendlichen, klaren, sternenübersäten Nachthimmel. Ganz tief nehmen Sie das Blau und das Sternenlicht in sich auf.

Sie wenden sich nach Osten und sprechen: Ich lade dich, Raphael, Erzengel des Ostens und der Luft, ein. Ich verbinde mich mit deiner tiefen Klarheit. Verbinden Sie sich dabei mit dem Himmel über Ihnen.

Nr. 97 Erzengel Uriel

GOLD ÜBER KÖNIGSBLAU

»Ich verbinde mich mit der tiefen Ruhe und dem ewigen Licht, das jederzeit meinen inneren Wesenskern erfüllt.«

Eigenschaften: hilft den eigenen Wesenskern zu spüren; hilft zu vertrauen und loszulassen; gibt Kraft und Mut, die eigene Herzenswahrheit zu leben; öffnet den Zugang zur Weisheit alter Kulturen, besonders zu den Sonnenkulturen; unterstützt die Kommunikation.
Energiezentrum: Solarplexus, Herzchakra, Kehlkopfchakra, Stirnchakra.
Aufzutragen: rund um den Bauch; rund um den Brustkorb; rund um Hals, Stirn, Schläfen, Hinterhaupt; auf beide Fußsohlen.
Gedanken zu Nr. 97: Uriel ist der Erzengel des Elementes Erde. Das Öl kann uns dabei helfen, unser Potenzial klarer zu erkennen, und uns Mut geben, dieses Potenzial auch im Alltag umzusetzen. Wenn wir in Kontakt mit unseren Fähigkeiten, mit unserem Potenzial leben, sind wir glücklich. Glücklich zu sein ist die beste Voraussetzung für Gesundheit in einem ganzheitlichen Sinne.

Blau
Die Farbe Blau repräsentiert Kreativität und Phantasie. Wie der Himmel und das Meer steht sie für das Weibliche oder für die weibliche Seite des Männlichen.

Edelsteine und Edelsteinessenzen

Saphir hilft geistige Kräfte auf ein Ziel hin zu bündeln; unterstützt die Wissensaufnahme in Kombination mit Weisheit; erleichtert die Kommunikation mit der geistigen Führung und verfeinert die Wahrnehmung.
Rutilquarz unterstützt die Selbsterkenntnis; stärkt die Klarheit und das Erinnerungsvermögen; wirkt anregend auf den Energiefluss; fördert Wohlbefinden und Harmonie.
Rutilquarzessenz bringt die Chakren in Harmonie und Einklang; inspiriert und stimuliert das Gehirn.

Aromaöle

Lavendel wirkt ausgleichend und entspannend, besonders im Kopfbereich; lässt Gedanken zur Ruhe kommen.
Bergamotte wirkt angstauflösend, nervenentspannend, antidepressiv und stimmungsaufhellend.

Blütenessenzen

Bach-Blüten: Oak.
Kauai-Flower-Essenzen: Will Power stärkt die mentale Klarheit; unterstützt die persönliche Kraft.
Orchideenessenzen: Sun Orchid öffnet den Solarplexus; verbindet uns mit der Sonne; hilft unser Ego in Harmonie mit den kosmischen Gesetzen zu bringen.
Bitte verwenden Sie die Blütenessenz Sun Orchid nur zusammen mit der Rutilquarzessenz.

Meditation »Erzengel Uriel«

Wir spüren, wie über der unendlichen Tiefe und Stille des Königsblaus ein goldenes Licht zu leuchten beginnt. Wir gehen ganz nach innen. Dort beginnen wir unseren göttlichen Lichtfunken wahrzunehmen, der sich weiter und weiter ausdehnt, nach außen strahlt. Wir wenden uns nach Norden und sprechen: Ich lade dich, Uriel, Erzengel des Nordens und der Erde, ein. Ich verbinde mich mit deiner Klarheit und Stärke. Wir sehen, wie sich unser göttlicher Lichtfunke auf der Erde verankert.

Die Pomander im Überblick

Farbe	Wirkungen
Dunkelrot	Ist erdend, intensiv Energie spendend, aphrodisisch; schützt vor Energieverlust, gibt Mut bei Existenzängsten.
Rot	Ist erdend, wärmend, vitalisierend, fruchtbarkeitsanregend, schützend; gibt Gefühl von Sicherheit.
Orange	Wirkt schocklösend, schließt nach Schocks Löcher in der Aura, ist angstauflösend; sexuell anregend; hilft bei Entwöhnung von Süchten, schützt Aura, hilft beim Loslassen, bei Veränderungen, sich dem Strom des Lebens anzuvertrauen.
Gold	Fördert den Zugang zur inneren Weisheit, ist positiv für Haut und Verdauungssystem, stärkt das Nervensystem, wirkt antidepressiv, stärkt Selbstvertrauen, hilft Ängste aufzulösen.
Gelb	Unterstützt das Nervensystem, wirkt gegen Ängste, Nervosität, Depressionen, konzentrationsfördernd; unterstützt Selbstheilungskräfte, Abnabelungsprozesse; stärkt die Lebensfreude.
Pink	Unterstützt das Hormonsystem, ist entspannend im Kopfbereich, hilft Liebe und Wärme bedingungslos zu geben und anzunehmen; schafft Wärme, entspannte Atmosphäre im Raum.
Oliv	Unterstützt das Immunsystem, stärkt die Selbstbehauptung, hilft die eigene Herzenswahrheit zu erkennen, stärkt das Mitgefühl, ist konzentrationsfördernd, stärkt Intuition und Kreativität.
Smaragdgrün	Unterstützt die Atmung, ist beruhigend, zentrierend; weitet den inneren Raum, hilft bei Entscheidungen, hilft die eigene Herzenswahrheit zu erkennen und auszudrücken.
Türkis	Unterstützt Immunsystem, Herz und Atmung; fördert die Kreativität, hilft Gefühle auszudrücken, wirkt gegen Lampenfieber, unterstützt Zugang zu Medien und moderner Technologie.
Saphirblau/ Hellblau	Stärkt das innere Vertrauen, wirkt schützend, beruhigend, kommunikationsfördernd.
Königsblau	Stärkt Sensitivität, Intuition und Mitgefühl sowie das Gehör, wirkt entspannend.
Violett	Fördert den Zugang nach innen, wirkt sehr beruhigend und gegen Kopfschmerzen.
Weiß	Ist schützend und reinigend für alle Energiezentren.
Tiefmagenta	Hilft dabei, den kleinen Dingen des Alltags mit Liebe zu begegnen; fördert die Selbsterkenntnis, wirkt schützend und unterstützt tiefe Meditation.

Die Pomander im Überblick

Passende Edelsteine	Elemente-zuordnung	Chakren- und Körperbezug
Granat, Rubin, Hämatit	Erde	Basischakra, Skelettstrukturen
Granat, Rubin	Erde	Basischakra, Kreislauf
Karneol, Topas, Tigerauge, Jaspis, orangefarbener Kalzit	Wasser	Sakralchakra, Niere, Blase
Zitrin, Amber, Metall Gold	Wasser und Feuer	Sakralchakra, Solarplexus, Haut und Verdauungssystem
Gelber Quarz, Zitrin, Amber	Feuer	Solarplexus, Nervensystem, Leber, Galle, Bauchspeicheldrüse, Darm
Rosenquarz, rosa Turmalin	Erde und Feuer	Basischakra, Herzchakra Hormonsystem
Jade, Olivin	Feuer und Luft	Herzchakra, Solarplexus, Immunsystem, Zwerchfell, Lunge
Smaragd, Jade, Malachit	Luft	Herzchakra, Herz, Lunge, Immunsystem
Aquamarin, Türkis	Luft und Äther	Herzchakra, Kehlkopfchakra, Atemwege, Immunsystem
Saphir, Aquamarin, blauer Kalzit	Äther	Kehlkopfchakra, Hals, Kehlkopf, Schilddrüse
Lapislazuli	Mentale Ebene (Denken)	Stirnchakra, Augen, Nase, Stirnhöhlen, Hirnanhangsdrüse, Ohren
Amethyst, Bergkristall	Kausale Ebene (Geist)	Kronenchakra, Zirbeldrüse, Gehirn, Kopfhöhlen
Bergkristall	—	Alle Chakren; reinigend und klärend im gesamten Körper
Amethyst, Granat, Rubin, Sugilith	Spirituelle Ebene (Anschluss an die göttliche Quelle)	Kronenchakra, 8. Chakra

Die Quintessenzen im Überblick		
Name	**Farbe**	**Entsprechendes Farböl**
El Morya	Blassblau	Nr. 50 Hellblau über Hellblau
Kuthumi	Blassgold	Nr. 51 Hellgelb über Hellgelb
Lady Nada	Blassrosa	Nr. 52 Blasspink über Blasspink
Hilarion	Blassgrün	Nr. 53 Hellgrün über Hellgrün und Nr. 63 Smaragdgrün über Hellgrün
Serapis Bey	Weiß	Nr. 54 Klar über Klar
Der Christus	Tiefrot	Nr. 55 Klar über Rot
St. Germain	Hellviolett	Nr. 56 Hellviolett über Hellviolett
Pallas Athene und Aeolus	Rosenpink	Nr. 57 Hellpink über Hellblau
Orion und Angelika	Pink	Nr. 58 Hellblau über Hellpink
Lady Portia	Gold	Nr. 59 Hellgelb über Hellpink
Kwan Yin und Lao Tsu	Blassorange	Nr. 60 Blau über Klar
Sanat Kumara	Blasskoralle	Nr. 61 Hellpink über Hellgelb
Maha Chohan	Blasstürkis	Nr. 62 Helltürkis über Helltürkis
Djwal Khul	Smaragdgrün	Nr. 63 Smaragdgrün über Hellgrün und Nr. 64 Smaragdgrün über Klar

Die Quintessenzen im Überblick

Qualitäten	Weitere Informationen siehe
Stärkt Vertrauen in göttliche Führung, hilft innerlich zu entspannen.	Seite 118
Fördert Klarheit, Selbsterkenntnis; verbindet mit der Sonne und dem geistigen Licht, fördert Zugang zu allen Wesen der Natur.	Seite 120
Verbindet uns mit Klängen, Musik, Schönheit; fördert Selbstliebe, bedingungslose Liebe und Verständnis.	Seite 122
Hilft dabei, den eigenen Weg klarer zu erkennen, die eigene Herzenswahrheit zu spüren, auszudrücken und zu manifestieren; wirkt entspannend, schafft inneren Raum.	Seite 124 und 146
Reinigt, klärt (physisch, emotional, mental, spirituell).	Seite 126
Stärkt inneres Licht, Freude, Hoffnung und verbindet mit tiefem Gefühl von Geliebtsein und Lieben; wirkt vitalisierend.	Seite 128
Ist transformierend, heilend auf allen Ebenen; hilft alte Muster aufzulösen, große innere Freiheit zu erleben; reinigt, beruhigt.	Seite 132
Stärkt Selbstvertrauen und Selbstbewusstsein, öffnet uns für die Schönheit in den alltäglichen Dingen, öffnet uns für die Fülle und den Wohlstand, fördert Träume, hilft zu vertrauen.	Seite 134
Hilft die Lebensaufgabe klarer zu sehen, ist Verbindung zu Engelenergien, hilft gegen Jetlag: auf Flügen mehrmals einfächeln.	Seite 136
Unterstützt Selbsterkenntnis ohne Selbstbe- oder -verurteilung; hilft dabei, andere nicht so schnell zu beurteilen; bindet Ängste.	Seite 138
Hilft Schocks (psychische, emotionale, mentale, spirituelle) zu lösen, wirkt entspannend, verbindet uns mit Gnade und Liebe.	Seite 140
Stärkt Verbindung mit der göttlichen Quelle; gibt Gefühl, »eins zu sein« mit allem, was ist; hilft loszulassen und zu vertrauen, fördert Verbindung zu Engelenergien.	Seite 142
Hilft Herzensgefühle auszudrücken, öffnet für Kommunikation auf allen Ebenen, ist kreativitätsfördernd, bringt uns mit altem Natur- und Edelsteinwissen in Kontakt.	Seite 144
Hilft uns bei der inneren Wahrheitssuche; ist klärend, intuitionsfördernd; schafft tiefen Zugang zur Natur.	Seite 146 und 148

Die Tinkturen im Überblick	
Name	**Wirkungen**
Weiß	Tinktur für »Notfälle«: ist reinigend und hilfreich bei Diäten, inneren Prozessen, nach Erkrankungen; wirkt klärend, unterstützt Selbstheilungskräfte.
Rosa	Wirkt wärmend, harmonisierend, tröstend; hilft Liebe anzunehmen und Liebe zu geben.
Rot	Ist kräftigend, stärkend, schützend; regt die Lebensenergie an, schützend, hilft bei Entscheidungen und nimmt Gefühl: »Alles ist mir zu viel!« Hilft dabei, mit beiden Beinen im Leben zu stehen.
Orange	Bringt uns Lebensfreude, Leichtigkeit, Heiterkeit; hilft dabei, alte Schocks aufzulösen; schützt die Aura.
Gold	Fördert Intuition, Gefühl des Zentriertseins, der inneren Ruhe; fördert Selbstvertrauen und Klarheit, balanciert den Bauchbereich aus.
Gelb	Fördert Reinigung, Entgiftung, Klärung alter Muster, bringt Leichtigkeit, Freude, Sonne; unterstützt Haut und Verdauungssystem.
Oliv	Bringt Freude und öffnet für neue Sichtweisen, öffnet für Kontakt und Zusammenarbeit mit anderen Menschen.
Smaragdgrün	Unterstützt Raum und Ruhe, fördert inneres Gleichgewicht, hilft unsere Gefühle und Bedürfnisse zu spüren und zu artikulieren, stärkt Liebe zur Natur.
Türkis	Fördert kreativen Ausdruck und neue Kommunikationsformen, unterstützt Ausdruck von Gefühlen, wirkt gegen Lampenfieber.
Blau	Wirkt schützend, klärend, beruhigend; hilft dabei, sich ruhig sowie klar auszudrücken und die eigene Autorität anzunehmen.
Königsblau	Fördert Intuition, innere Wahrnehmung, entspannt Kopfbereich, Augen, Ohren.
Violett	Ist beruhigend, heilend, entspannend; stärkt Vertrauen und Hoffnung.
Magenta	Öffnet für die göttliche Liebe und die Liebe zu den kleinen Dingen des Alltags, hilft die Schönheit in allen Dingen zu erkennen.
Regenbogen	Wirkt auf alle Chakren harmonisierend; hilft dabei, sich auf andere einzustimmen; unterstützt Gruppenprozesse.

Die Tinkturencremes

Wenn Sie keine Tinkturen einnehmen wollen, können Sie auch mit Tinkturencremes arbeiten. Diese Cremes sind in denselben Farben wie die Tinkturen erhältlich, ausgenommen die Farben

Die Tinkturen im Überblick

Passende Edelsteine	Chakren- und Körperbezug
Bergkristall, Rosenquarz	Alle Chakren
Rosenquarz	Basischakra, Sakralchakra, Herzchakra
Rubin, Granat	Basischakra
Karneol	Sakralchakra, Solarplexus
Zitrin, Amber	Sakralchakra, Solarplexus
Zitrin, Amber	Solarplexus
Olivin, Moldavit	Herzchakra, Kehlkopfchakra, Solarplexus
Smaragd, Aventurin	Herzchakra, Kehlkopfchakra
Türkis, Aquamarin	Herzchakra, Kehlkopfchakra
Saphir, blauer Topas	Kehlkopfchakra
Lapislazuli	Stirnchakra
Amethyst	Scheitelchakra
Sugilith, Rosenquarz	Basischakra, Scheitelchakra
Mondstein, Bergkristall mit Regenbogeneinschlüssen	Alle Chakren

Oliv und Königsblau. Sie werden im jeweils zur Farbe passenden Chakrabereich aufgetragen (siehe Chakren- und Körperbezug). Tinkturen und Tinkturencreme können kombiniert werden. Die Edelsteine zu den Tinkturencremes entsprechen denen für die Tinkturen.

Impressum

Redaktion: Klaudia Ziemer

Projektleitung: Sandra Klaucke, Berit Hoffmann

Redaktionsleitung: Dr. Reinhard Pietsch

Bildredaktion: Bettina Huber

Layout: Manuela Hutschenreiter, München

Umschlag: Hempel/Langkau, München

DTP: Klaus Lutsch

Produktion: Manfred Metzger

Druck und Bindung:
Westermann, Zwickau

Printed in Germany
Gedruckt auf chlor- und säurearmem Papier
ISBN 3-7787-3606-X

Anmerkung der Redaktion

Diesem Buch liegt die im Juli 1996 in Wien beschlossene und ab 1. 8.1998 verbindliche Neuregelung der deutschen Rechtschreibung zugrunde.

Hinweis

Das vorliegende Buch ist sorgfältig erarbeitet worden. Dennoch erfolgen alle Angaben ohne Gewähr. Weder Autorin noch Verlag können für eventuelle Nachteile oder Schäden, die aus den im Buch gemachten Hinweisen resultieren, eine Haftung übernehmen.

Literatur

Chocron, Daya Sarai: Heilen mit Edelsteinen. München 1994
Cochrane, Amanda/Harvey, Clare G.: Die Enzyklopädie der Blütenessenzen. München 1996
Dalichow, Irene/Booth, Mike: Aura Soma. München 1994
Fischer-Rizzi, Susanne: Himmlische Düfte. München 1995
Gienger, Michael: Die Steinheilkunde. Saarbrücken 1995
Henglein, Martin: Die heilende Kraft der Wohlgerüche und Essenzen. Bergisch Gladbach 1990
Korte, Andreas/Hofmann, Antje und Helmut: Orchideen, Edelsteine und ihre heilenden Energien. Freiburg 1995
Peschek-Böhmer, Flora: Heilung durch die Kraft der Steine. München 1996
Raphaell, Katrina: Heilen mit Kristallen. München 1988
Raphaell, Katrina: Wissende Kristalle. München 1990
Röcker, Anna Elisabeth: Bach-Blüten. München 1996
Scheffer, Mechthild: Bach-Blütentherapie. München 1995
Senser, Anja: Aura Soma. München 1996
Tisserand, Robert B.: Das ist Aromatherapie. Freiburg 1994
Valnet, Jean: Aromatherapie. München 1986
Wall, Vicky: Das Wunder der Farbheilung. Frankfurt 1995

Bildnachweis

Alle Fotos stammen von Dag Kempe, München mit Ausnahme von: Tony Stone, München: Titelbild (Fond); Südwest Verlag, München ©: Titelbild (Einklinker) (Michael Zuche) Astrofoto, Leichlingen: 131 (NASA)

Bezugsquellen

DEVA, Bea Mark, Häberlstraße 16, 80337 München, Tel. und Fax 0 89/53 33 37
Orchideenessenzen und Edelsteinessenzen von Andreas Korte (Korte PHI Essenzen ®)

Chrüter-Drogerie Egger, Unterstadt 28, CH-8200 Schaffhausen,
Tel. 00 41/52/6 24 50 30, Fax 00 41/52/6 24 64 57
Kauai-Flower-Essenzen und Edelsteinessenzen von Katrina Raphaell und Andreas Korte (Korte PHI Essenzen ®).
Versand von Aura-Soma-Produkten

Aura-Soma-Zweigniederlassung Deutschland: Herbal and Colour Products, Helmut Darmstadt, Am See 7, 83257 Gollenshausen, Tel. 0 80 54/94 47,
Fax 0 80 54/94 48

Wenn Sie an einer Ausbildung in ganzheitlicher Körperarbeit mit Aura Soma, Edelsteinen, Klängen, Aromatherapie und Blütenessenzen oder ganzheitlichen Selbsterfahrungs-Workshops auf Mallorca interessiert sind, fordern Sie Informationen an bei: Rainbow Experience, Anja Senser-Lang, Schellingstraße 69, 80799 München

Auskunft über Aura-Soma-Berateradressen und Adressen von Aura-Soma-Lehrern gibt:
Aura Soma Informationszentrum, Wittener Straße 172, 45549 Sprockhövel
Aura-Soma-Produkte für Wiederverkäufer:
Aura Soma, Zweigniederlassung, Helmut Darmstadt, Am See 7, 83257 Gollenshausen, Tel. 08054/9447, Fax 08054/9448
Informationen über Aromatherapie:
Forum Essenzia, Verein für Förderung, Schutz und Verbreitung der Aromatherapie und Aromapflege e. V., Mäuselweg 29, 81375 München, Tel. und Fax: 089/7145391
Informationen über Bach-Blüten (Therapeuten, Ausbildungen):
Institut für Bach-Blütentherapie, Mechthild Scheffer GmbH, Lippmannstraße 57, 22769 Hamburg, Tel. 040/43 25 77 10
Bach-Blütentherapie (Kurse) und Einzelbehandlungen:
Anna Röcker, Heilpraktikerin, Ferdinand-Miller-Platz 11a, 80335 München, Tel. 089/124788
Bach-Blüten- und Aromatherapie (Kurse und Einzelbehandlungen):
Christina Casagrande, Heilpraktikerin, Mozartstraße 6, 82299 Türkenfeld, Tel. 08193/99 99 26

Register